Katrin Friedel

33 1/3 Kommunikations-Hacks und wie du sie mit KI umsetzt

33 1/3 Kommunikations-Hacks und wie du sie mit KI umsetzt
1. Auflage Januar 2025

ISBN 978-3-00-081527-0

Autorin: Katrin Friedel
Umschlaggestaltung: © Markus Weber | Guter Punkt München
Foto: Jamie Lee Arnold
Grafische Gestaltung: © Henrik Wolf | WebAndMotion
Gestaltung und Druckvorbereitung: Gudrun Rehn-Göstenmeier

Druck: Wir machen Druck
Printed in Germany

Herausgeberin:
Katrin Friedel
Johann-Sigismund-Str. 7
10711 Berlin

www.katrinfriedel.com
kontakt@katrinfriedel.com

Für alle, die die Kraft
der Worte entfesseln wollen.

Inhaltsverzeichnis

Grußworte 9

Vorwort 13

Die Kraft klarer Worte 19

Hack 1: Verbal statt nominal 20
Aktive Verben für mehr Überzeugung

Hack 2: Von gut zu großartig 23
Die Kraft der Steigerungen

Hack 3: MAN versus ICH 26
Verantwortung in Aussagen übernehmen

Hack 4: MÜSSEN versus WOLLEN 29
Pflicht in Motivation verwandeln

Hack 5: ABER versus UND 32
Kleine Worte, große Wirkung

Hack 6: Kurze Sätze 35
Klar und verständlich statt komplizierter Schachtelsätze

Hack 7: Treffsicher formulieren 39
Mit der richtigen Wortwahl überzeugen

Hack 8: Füllwörter ade 43
Mehr Fokus und Präzision in Texten

Hack 9: Präzision statt Drama 46
Absolutismen entschärfen

Hack 10: Das Gold-in-Gold-out-Prinzip 49
Worte für mehr Motivation und Klarheit

Hack 11: Die Energie der Worte 53
Mit maskuliner und femininer Kraft Wirkung erzielen

Hack 12: Eintauchen und umarmen? Nein danke! 56
Typische KI-Floskeln vermeiden

Prompt-Übersicht für die Kraft klarer Worte: Hack 1 bis 12 59

Perspektivwechsel, die verbinden 63

Hack 13: What's in it for me? 64
Die Kunst der Empfängerperspektive

Hack 14: Out-of-the-Box 67
Frische Perspektiven für die Kommunikation

Hack 15: Wünsche statt Vorwürfe 71
Konflikte konstruktiv ansprechen

Hack 16: Fakten und Meinungen trennen 75
Für Klarheit und Fairness im Miteinander

Hack 17: Dialog statt Duell 79
Respektvoll uneinig sein

Hack 18: Verbindung statt Reibung 82
Die Macht der Beziehungsebene

Hack 19: Von Meinungen zu Bedürfnissen 86
Der Blick hinter die Worte

Hack 20: Von trennend zu verbindend 89
Mit Worten Brücken bauen

Hack 21: Einwand? Einladung! 93
Die Kunst der Einwand-Behandlung

Hack 22: Einladung zum Erfolg 97
Call-to-Actions, die begeistern

Hack 23: Worte mit Wirkung 102
Rhetorische Figuren für jeden Anlass

Prompt-Übersicht für Perspektivwechsel: Hack 13 bis 23 106

Botschaften, die ankommen 111

Hack 24: W steht für Wirkung 112
Die Magie offener W-Fragen

Hack 25: Einmal ganz anders 117
Der Hack für kreative Fragen

Hack 26: Klartext durch Rückfragen 120
Verstehen, was wirklich gemeint ist

Hack 27: Bildsprache, die wirkt 124
Mit Metaphern Botschaften verstärken

Hack 28: Der 12-Jährigen-Check 128
Komplexes einfach erklärt

Hack 29: Konkrete Beispiele, starke Botschaften 132
Der Schlüssel zu bleibendem Eindruck und Klarheit

Hack 30: Die STAR-Methode 136
Trockene Fakten in fesselnde Geschichten verwandeln

Hack 31: Vom Nice-to-know zum Need-to-know 140
Die Kunst der Informationsreduktion

Hack 32: Zeigen statt zerreden 143
Die Kunst der visuellen Kommunikation

Prompt-Übersicht für packende Botschaften: Hack 24 bis 32 147

Deine innere Stimme, dein äußeres Echo 153

Hack 33: Dein persönlicher Reflexions-Buddy 154
So stärkst du deine Eigenkommunikation

Hack 33 1/3: Die Kunst des Sprachklangs 159
Wie deine Worte den richtigen Ton treffen

Ausblick 163

Evolution der Kommunikation mit KI 164

Wie du die Hacks nachhaltig in deinen Alltag integrierst 168

Inspiration für deine kontinuierliche Weiterentwicklung 171

Anhang 173

Über die Autorin 173

Weiterführende Ressourcen 174

Danksagung 175

Platz für deine Notizen 177

Grußworte von Torsten J. Körting

Kommunikation ist mehr als der Austausch von Worten. Sie verbindet Menschen, entfacht Ideen und eröffnet Möglichkeiten. Doch was macht sie wirklich wirksam? Wie gelingt es, unsere Botschaften so zu formulieren, dass sie klar, empathisch und überzeugend wirken? Dieses Buch von Katrin Friedel liefert klare und praxisnahe Antworten mit einem inspirierenden Blick auf die Zukunft.

Katrin Friedel ist mehr als eine Expertin für Kommunikation. Sie ist eine Gestalterin. Ihre Fähigkeit, komplexe Themen verständlich und zugänglich zu machen, ist beeindruckend. Sie zeigt, wie wir durch Sprache Türen öffnen, Brücken bauen und echte Verbindungen schaffen können. Katrin Friedel verbindet klassische Kommunikationsmethoden mit den Chancen der künstlichen Intelligenz und zeigt, wie technologische Werkzeuge Sprache präzisieren und persönliche Ausdruckskraft stärken können.

Dieses Buch bietet dir Kommunikationsmethoden, konkrete Beispiele und Prompts, mit denen du deine E-Mails, Texte, Präsentationen oder Gespräche klarer und wirkungsvoller gestalten kannst. Dabei verliert Katrin Friedel nie den Menschen aus dem Blick. Authentizität und Empathie stehen bei ihr im Mittelpunkt, genau das macht die Ansätze in diesem Buch so kraftvoll.

Egal, ob du Führungskraft bist, kreative Ideen vermittelst oder deine zwischenmenschliche Kommunikation stärken möchtest: diese 33 1/3 Hacks helfen dir, deine Worte prägnant und überzeugend einzusetzen. Die Mischung aus klaren Anleitungen, inspirierenden Beispielen und einem Augenzwinkern macht dieses Buch zu einem Schatz für alle, die beruflich und privat erfolgreicher kommunizieren wollen.

Ich wünsche dir, dass diese Hacks dir helfen, mit deinen Worten zu überzeugen, zu bewegen und bleibenden Eindruck zu hinterlassen.

Torsten J. Körting
KI-Strategist, Dozent und Bestsellerautor
Mitgründer des Körting Institute

Grußworte von Gerardo Joaquin Laempe

Katrin Friedel verbindet meisterhaft Präzision, Leidenschaft und technologische Innovation, um Kommunikation neu zu definieren. In unserer Zusammenarbeit habe ich erlebt, wie sie komplexe Herausforderungen mit Klarheit strukturiert und gleichzeitig ihre Begeisterung für Sprache und Menschen mit den Möglichkeiten der Künstlichen Intelligenz vereint. Ihre natürliche Art, mit digitalen Sparringspartnern wie Claude und ChatGPT zu arbeiten, ist beispielhaft und inspirierend.

Dieses Buch ist Ausdruck ihrer Expertise und ihres Engagements, Kommunikation für alle greifbar und umsetzbar zu machen. Ihre vorgestellten Hacks zeigen anschaulich, wie Sprache gezielt eingesetzt werden kann, um komplexe Inhalte klar zu vermitteln, überzeugend zu argumentieren und gleichzeitig empathisch zu bleiben. Das ist ein unverzichtbares Werkzeug für Führungskräfte, Selbstständige und alle, die beruflich oder privat mit ihren Botschaften bewegen wollen.

Ich lade dich ein, die Hacks auszuprobieren und dich von Katrins Humor, klaren Anleitungen und einfühlsamer Herangehensweise inspirieren zu lassen. Dieses Buch wird dir helfen, deine kommunikative Wirkung zu verbessern, ohne deine Authentizität zu verlieren.

Liebe Katrin, danke, dass du deine Erfahrungen und dein Wissen mit uns teilst.

Gerardo Joaquin Laempe
Business-Schamane und Buchautor

Vorwort

Worte haben Kraft. Worte bewegen Menschen.

Was wäre, wenn deine Worte genau das erreichen, was du dir wünschst?

- Deine E-Mails werden endlich verstanden, statt nur gelesen.
- Dein Feedback motiviert, statt zu frustrieren.
- Deine Präsentationen fesseln, statt zu ermüden.
- Deine Argumente überzeugen, statt Widerstände zu erzeugen.
- Deine Botschaften bleiben hängen, statt zu verpuffen.

Klingt wie ein Traum?
Dieses Buch ist dafür da, dir diesen Traum zu erfüllen.

Unsere Kommunikation verändert sich rasant. Künstliche Intelligenz hat die Art, wie wir kommunizieren, grundlegend verändert. Gleichzeitig werden die Anforderungen an unsere Kommunikation immer höher. Prägnant sollen wir sein, aber nicht zu oberflächlich. Empathisch, aber nicht schwammig. Präzise, aber nicht kalt.

Diese 33 1/3 Kommunikations-Hacks machen genau hier den Unterschied: Sie verbinden das Beste aus zwei Welten: bewährte Kommunikationstechniken, die Menschen seit Jahrzehnten erfolgreich nutzen, UND modernste KI-Technologie, die dir hilft, deine Kommunikation klarer und wirkungsvoller zu gestalten.

Die 33 1/3 Hacks lösen die häufigsten Kommunikationsprobleme:

- aus komplexen Inhalten werden klare Aussagen,
- aus schwierigen Gesprächen werden konstruktive Dialoge,
- aus verwässerten Texten werden kraftvolle Botschaften.

Sie sind sofort einsetzbar durch:

- direkt anwendbare Praxistipps,
- leicht verständliche Techniken,
- klare und eingängige KI-Prompts.

Trotz der Unterstützung durch KI bleibt eine Konstante: Der Mensch und seine Botschaft stehen immer im Mittelpunkt! KI ist dein Werkzeug, nicht dein Ersatz. Sie hilft dir, deine Kommunikation zu schärfen, ohne dass du deine Authentizität und persönliche Note verlierst. KI wird zu deinem Kommunikations-Buddy.

Deine Begleiter durch dieses Buch

Kommunikations-Katrin
ist Kommunikationsexpertin, psychologischer Coach, Keynote Speakerin und KI-Enthusiastin. Sie weiß genau, worauf es bei wirkungsvoller Kommunikation ankommt. Sie erklärt die Kommunikationswerkzeuge mit einer Prise Humor.

KI-Magie alias KIM
ist unsere KI und begleitet dich mit technischer Expertise und besonderem Einfühlungsvermögen. KIM zeigt dir, wie KI deine Kommunikation unterstützen kann und überrascht dich immer wieder mit einer einzigartigen Mischung aus präziser Analyse und unerwarteter Menschlichkeit.

Aha-Alex
ist deine Stellvertretung im Buch. Alex stellt genau die Fragen, die du dir wahrscheinlich auch stellst, probiert alle Hacks aus und berichtet ehrlich von Erfolgen und Stolpersteinen. Alex' Aha-Momente werden auch deine sein.

Diese Kommunikations-Hacks machen den Unterschied, weil sie

- klassische Kommunikation mit der Kraft moderner KI verbinden,
- helfen, komplexe Botschaften klar und verständlich zu vermitteln,
- deine Texte von schwerfällig zu kraftvoll verwandeln,
- Feedback von kritisch zu konstruktiv transformieren,
- dir zeigen, wie du in schwierigen Gesprächen souverän bleibst,
- deine E-Mails, Präsentationen und Berichte auf den Punkt bringen,
- dir helfen, überzeugend zu argumentieren, ohne andere vor den Kopf zu stoßen.

Dafür bietet dir dieses Buch:

- praxiserprobte Kommunikations-Hacks für den sofortigen Einsatz,
- konkrete Beispiele für schwache und wirksame Kommunikation,
- direkt anwendbare Prompts für verschiedene KI-Tools.

Die Prompts in diesem Buch sind Beispiele, die dir einen Ausgangspunkt bieten. Du kannst sie erweitern und an deine Situation anpassen, indem du der KI mehr Details mitgibst.

So nutzt du dieses Buch am besten:

- probiere die Techniken direkt aus, sie funktionieren auch ohne KI,
- experimentiere mit den KI-Prompts,
- übertrage die Beispiele in deine eigenen Texte,
- hab Spaß dabei, denn so lernst du nachhaltiger.

Profi-Tipp: Je mehr Kontext du der KI gibst, desto präziser wird das Ergebnis. Beschreibe Ziel, Zielgruppe und gewünschten Stil deiner Anfrage. Gib der KI eine klare Rolle, z.B. „Du bist ein:e erfahrene:r Kommunikationsexpert:in.“ So führst du einen Dialog mit der KI, der auf deinen individuellen Bedarf zugeschnitten ist.

Kommunikations-Katrin: Kennst du das? Da sitzt du vor einem wichtigen Text und die Worte fühlen sich an wie Kaugummi am Schuh: sie kleben und kommen nicht richtig vom Fleck. Oder du möchtest Feedback geben und es kommt als Vorwurf rüber. Ja, Kommunikation kann manchmal echt knifflig sein. Doch keine Sorge, genau dafür habe ich dieses Buch geschrieben.

Aha-Alex: Moment mal, noch ein Buch über Kommunikation? Ich habe schon gefühlt hundert davon im Regal.

KIM: Es gibt bereits viele Bücher zum Thema Kommunikation. Meine Datenanalyse zeigt, dass dieses hier anders ist. Es verbindet bewährte Kommunikationstechniken mit der Kraft moderner KI. Eine Kombination, die laut meinen Berechnungen die Effektivität deiner Kommunikation signifikant steigert.

Kommunikations-Katrin: Genau darum geht es in diesem Buch. Wir zeigen unseren Leser:innen die Methoden UND wie sie KI clever dafür nutzen können. Statt abstrakter Theorien erwarten dich praktische Werkzeuge, die du sofort einsetzen kannst.

Aha-Alex: Das klingt gut, doch ich bin nicht so ein Methoden-Freak. Muss ich jetzt erst mal wochenlang irgendwelche komplizierten KI-Tools lernen?

KIM: Keineswegs. Wenn du schon einmal „Hallo" zu ChatGPT gesagt hast, bist du bestens vorbereitet. Und selbst wenn nicht: Wir erklären alles Schritt für Schritt.

Kommunikations-Katrin: Genau. Dieses Buch ist für alle, die täglich kommunizieren, also für jede:n. Egal ob du Führungskraft bist, im Team arbeitest, selbstständig bist oder einfach besser mit anderen Menschen sprechen und schreiben möchtest. Wir zeigen dir, wie du KI als Werkzeug für wirksame Kommunikation nutzt, ohne dabei deine Authentizität zu verlieren.

Aha-Alex: Und wie genau funktioniert das?

Kommunikations-Katrin: Moment, bevor wir loslegen, lasst uns kurz klären, wie unsere Leser:innen am meisten aus diesem Buch herausholen können.

KIM: Meine Analyse zeigt: Am effektivsten ist es, wenn du jeden Hack direkt ausprobierst. Experimentiere damit, mixe die Hacks nach deinem Geschmack und Bedarf.

Aha-Alex: Stimmt. Ich habe auch gemerkt, dass es viel mehr bringt, wenn ich die Beispiele gleich in meine eigene Welt übersetze.

KIM: Eine ausgezeichnete Herangehensweise. Meine Datenanalyse bestätigt: Direkte Anwendung führt nachweislich zu einem deutlich besseren Lernerfolg.

Aha-Alex: Ich bin schon total aufgeregt! Normalerweise schmeiße ich meine Kommunikationsbücher ja nach dem ersten Kapitel frustriert in die Ecke. Diesmal fühlt es sich anders an. Vielleicht weil ich hier nicht allein planlos durch die Gegend stolpere?

KIM: Planlos? Das löst einen kleinen Systemalarm bei mir aus. Keine Sorge! Meine Datenbank sagt: Auch aus scheinbarem Chaos entstehen oft die kreativsten Lösungen. Mit der richtigen Struktur und ein paar cleveren Prompts bekommen wir das hin.

Noch ein Tipp: Verifiziere immer die Ergebnisse der KI. Ich bin zwar sehr schlau, doch auch mir können Fehler unterlaufen. Mit einer schnellen Überprüfung stellst du sicher, dass alles passt. Versteh mich bitte als Ideengeber, dessen Ergebnis du noch feinschleifen darfst.

Kommunikations-Katrin: Genau das macht uns als Team so besonders: KIM bringt Struktur, Alex spricht aus, was viele denken, und ich übersetze alles in praktische Tipps. Ideal für alle, die ihre Kommunikation verbessern wollen, egal, ob Perfektionist oder Chaosqueen.

Aha-Alex: Na dann mal los. Ich habe da gleich ein paar knifflige E-Mails, die auf mich warten.

KIM: Noch ein Hinweis, bevor wir richtig starten: Bei jedem Hack findest du Prompts für wirksame Kommunikation. Überall wo du die Anweisung „(hier deinen Text einfügen)“ siehst, kannst du entweder direkt deinen Text hineinkopieren oder eine komplette Datei hochladen. Meine Systeme verarbeiten beides problemlos.

Aha-Alex: Also kann ich sowohl meine E-Mails als auch meine 50-seitige Projektdokumentation checken lassen?

KIM: Exakt. Von der WhatsApp-Nachricht bis zum Roman, alles ist möglich.

Kommunikations-Katrin: Bevor wir mit den Hacks starten, möchte ich noch einen Punkt unterstreichen, der oft unterschätzt wird:

die Tonalität. Sie macht den Unterschied zwischen einem Text, der einfach nur gelesen wird, und einem, der wirklich ankommt.

Aha-Alex: Tonalität? Meinst du, ob mein Text höflich oder eher locker klingt?

KIM: Genau das! Die Tonalität ist wie deine Handschrift, nur in Worten. Sie entscheidet, wie deine Zielgruppe dich wahrnimmt, z.B. professionell, humorvoll oder empathisch oder ein Mix davon.

Kommunikations-Katrin: Du kannst die KI gezielt darauf trainieren, genau deinen Stil zu übernehmen.

KIM: Gib der KI dafür klare Anweisungen: „Formuliere diesen Text in einem professionellen und warmen Ton.“ Oder „Klinge wie ein:e motivierende:r Trainer:in für Jugendliche.“ Du kannst auch drei bis fünf Adjektive vorgeben, die deinen Stil beschreiben.

Kommunikations-Katrin: Wichtig ist, dass die Tonalität nicht nur zu dir, sondern auch zu deiner Zielgruppe passt. So werden deine Worte noch wirkungsvoller.

Liebe Leserin, lieber Leser, bist du bereit, deine Kommunikation so zu stärken, dass sie Menschen bewegt und überzeugt? Mit praxiserprobten Hacks, cleverer KI und einem Team, das dich begleitet? Dann lass uns loslegen.

KIM: Erfolgswahrscheinlichkeit: sehr hoch. System ready to Rock 'n' Roll! Moment, war das jetzt zu menschlich?

Aha-Alex: Perfekt, KIM. Genau so mögen wir dich!

Die Kraft klarer Worte

Ein gut gewähltes Wort
kann mehr bewegen als
tausend gut gemeinte.

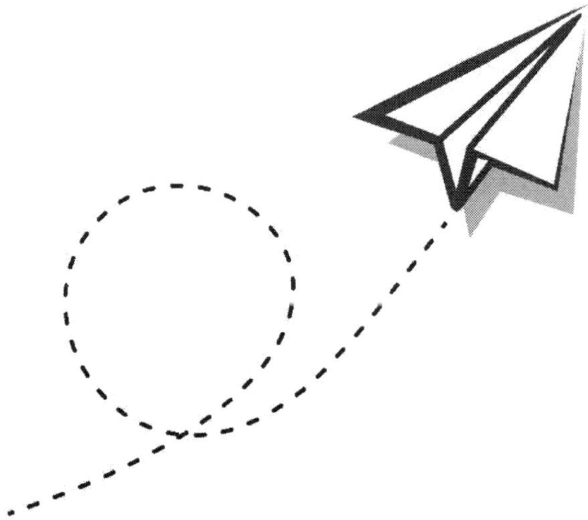

HACK 1

Verbal statt nominal

Aktive Verben für mehr Überzeugung

Kommunikations-Katrin: Da landet eine E-Mail in deinem Postfach. Du liest den ersten Satz und stellst fest: Die Wörter kleben wie Kaugummi aneinander. Der Text fühlt sich schwer an, wie ein Elefant im Tanzstudio. Kein Wunder, denn er strotzt vor Substantiven, wo ein knackiges Verb viel mehr Power hätte.

Aha-Alex: Oh ja, das kenne ich zu gut. Gestern wollte ich meinem Chef schreiben, dass wir die Projektplanung überarbeiten sollten. Raus kam: „Eine Überarbeitung der bestehenden Projektkonzeption zur Optimierung der Zielerreichung wäre erforderlich." Sogar ich selbst musste den Satz dreimal lesen.

KIM: Meine linguistische Analyse deines Satzes zeigt: fünf Substantive, ein schwaches Verb. Da können wir deutlich nachbessern.

Kommunikations-Katrin: Genau hier setzt unser erster Hack an: Verwandle schwerfällige Substantive in kraftvolle Verben. Aus deinem Satz, Alex, wird dann: „Wir passen die Projektkonzeption an, damit wir unsere Ziele effizienter erreichen.“ Merkst du den Unterschied?

Aha-Alex: Wow, das klingt gleich viel natürlicher! Fast so, als würde ich wirklich mit jemandem sprechen und keinen Aufsatz schreiben.

KIM: In meiner Datenbank sehe ich, dass Menschen im direkten Gespräch deutlich mehr Verben verwenden als in geschriebenen Texten. Ein faszinierendes Phänomen der natürlichen Kommunikation.

Kommunikations-Katrin: Hier drei typische Marketing-Texte im Vergleich:

- Unser Produkt bietet eine Optimierung Ihrer Arbeitsabläufe.
- Wir ermöglichen eine Steigerung Ihrer Kundenzufriedenheit.
- Unsere Lösung gewährleistet die Reduzierung der Betriebskosten.

Und so klingt‘s mit Hack:

- Unser Produkt beschleunigt Ihre Arbeitsabläufe.
- Wir begeistern Ihre Kunden.
- Unsere Lösung spart Ihr Geld.

Aha-Alex: Stimmt, die zweite Version klingt viel dynamischer. Wie kann ich das denn gleich in meinen nächsten Text einbauen?

KIM: Für den Start reicht dieser einfache Prompt völlig:

„Bitte forme diesen Text (hier deinen Text einfügen) um. Ersetze Substantive durch aktive Verben, wo möglich. Behalte den Inhalt bei und mache die Sprache direkter und dynamischer.“

Kommunikations-Katrin: Mit dem Prompt hast du einen schnellen Einstieg. Um sicher im Umgang mit Verben zu werden, probiere diese Übungen aus:

- Suche in einer alten E-Mail nach Substantiven mit der Endung -ung.
- Schreibe die Sätze neu und ersetze die Substantive durch aktive Verben.
- Vergleiche: Welche Version liest sich flüssiger?

Aha-Alex: Das probiere ich direkt bei meinem Projektbericht. Aus „Die Durchführung der Analysen ermöglicht eine Bewertung der Ergebnisse." wird jetzt „Wir analysieren und bewerten die Ergebnisse". Der Prompt hat mir super geholfen. Jetzt sehe ich solche Formulierungen viel schneller.

KIM: Meine Systeme zeigen gerade einen spannenden Vergleich: Texte mit aktiven Verben werden schneller verstanden und bleiben besser im Gedächtnis. Das erklärt deine positive Reaktion, Alex.

Kommunikations-Katrin: Super. Aktive Verben sind wie der Kaffee in deinem Latte Macchiato, sie bringen Leben in die Sache. Je mehr du übst, desto kraftvoller werden deine Texte. Dein Publikum wird den Unterschied spüren. Beim nächsten Hack zeige ich dir, wie du...

Aha-Alex: Wartet kurz. Ich sehe gerade in meinem Quartalsbericht noch drei perfekte Kandidaten für einen Verb-Powerboost!

HACK 2

Von gut zu großartig

Die Kraft der Steigerungen

Kommunikations-Katrin: Wie oft hast du das schon erlebt? Ein Gespräch fühlt sich an wie ein steckengebliebener Fahrstuhl. Du willst Bewegung, doch es passiert nichts. Oft liegt es daran, dass unsere Worte in der Neutralität steckenbleiben. Dabei können positive Steigerungen in der Sprache genau das lösen: sie inspirieren, schaffen Klarheit und motivieren zu neuen Perspektiven. Die Kraft der Steigerungen bringt deine Botschaften in Bewegung.

Aha-Alex: Das klingt spannend. Meinst du so etwas wie „gut ist gut, doch besser ist besser"? Und wie soll das in der Praxis funktionieren?

Kommunikations-Katrin: Typische Kommunikationsfallen sind zum Beispiel:

- Ein Ziel wird erwähnt, allerdings ohne Perspektive: Das Team hat hart gearbeitet.

- Eine Herausforderung wird benannt, jedoch nicht überwunden: Der Berg an Arbeit ist hoch.
- Positive Aspekte bleiben schwach: Deine Kompetenz ist beeindruckend.

Das Ergebnis? Die Botschaft bleibt flach, die Energie fehlt.

KIM: Meine Analysen bestätigen das. Kommunikation ohne Steigerungen hat eine geringere emotionale Wirkung, weil sie keine Entwicklung aufzeigt. Dadurch bleibt die Motivation oft auf der Strecke.

Kommunikations-Katrin: Mit Steigerungen bringst du deine Botschaften in Fahrt. Hier sind einige Beispiele:
- Fachwissen bringt uns weit, unser Teamgeist weiter.
- Deine Unsicherheit ist stark, deine Zuversicht stärker.
- Die Herausforderung ist groß, unser Teamgeist größer.
- Dein Ziel ist ambitioniert, deine Motivation noch ambitionierter.

Aha-Alex: Wow, das klingt richtig motivierend! Ich merke, wie solche Formulierungen einen positiven Sog erzeugen. Wie finde ich die passenden Steigerungen für meine Themen?

Kommunikations-Katrin: Das Besondere ist, dass du Steigerungen in fast jeder Situation nutzen kannst.
- Im Team: Der Aufwand ist groß, der Erfolg noch größer.
- In der Führung: Deine Leistungen sind stark, deine Möglichkeiten noch stärker.
- Im Kund:innengespräch: Unsere Lösung ist wertvoll, ihre Anwendung noch wertvoller.

Du kannst die Steigerungen anpassen, je nachdem, was die Situation erfordert. Setze dabei die Adjektive ans Ende der Halbsätze. So geben sie der Aussage eine natürliche Betonung und steigern die Aufmerksamkeit.

Aha-Alex: Dieser Hack könnte meine nächste Präsentation echt aufwerten. Das probiere ich gleich aus. Und wie komme ich auf die richtigen Formulierungen?

KIM: Dafür habe ich einen hilfreichen Prompt:

„Bitte analysiere diesen Text (hier deinen Text einfügen) und schlage Steigerungen vor, die Mut machen und bestärkend wirken. Behalte den Fokus auf positiven Entwicklungen."

Für Fortgeschrittene ist diese Ergänzung: „Bitte gib eine alternative Perspektive für diese Aussage an. Beispiele: Fachwissen versus Teamgeist, Zweifel versus Vertrauen."

Kommunikations-Katrin: Um den Hack direkt anzuwenden, hier drei Übungen:

- Schau dir deine letzte E-Mail an und ergänze positive Aussagen mit Steigerungen.
- Schreibe eine Folie für eine Präsentation mit Ist- und Soll-Zustand und ergänze am Ende eine stärkende Steigerung.
- Überlege dir jeden Morgen eine Steigerung für den Tag, z.B.: „Meine Herausforderungen sind groß, meine Lösungsideen noch größer."

Aha-Alex: Das klingt nach einem Plan. Aus „Der Aufwand ist groß" mache ich jetzt „Der Aufwand ist zwar groß, doch die Belohnung ist noch größer." Das fühlt sich gleich viel besser an.

KIM: Meine Recherchen zeigen: Mit solchen Steigerungen steigt die positive Resonanz auf Botschaften spürbar. Sie stärken den emotionalen Kern der Kommunikation.

Kommunikations-Katrin: Steigerungen sind wie die Würze deiner Botschaften. Sie machen Sprache lebendig und inspirierend. Und das Beste ist, sie helfen dir, authentisch zu wirken und dabei Energie und Klarheit zu vermitteln. Deine Worte haben Kraft, sie können bewegen, motivieren und verbinden. Mach sie mit Steigerungen zu deinem stärksten Werkzeug. Probiere es aus. Beim nächsten Hack zeige ich dir, wie du...

Aha-Alex: Moment, ich möchte schnell noch meine Präsentation überarbeiten. „Unsere Ideen sind gut", äh, nein. „Unsere Ideen sind cool, unsere Umsetzung noch cooler!"

HACK 3

MAN versus ICH

Verantwortung in Aussagen übernehmen

Kommunikations-Katrin: Da sitzt du im Meeting und hörst: „MAN könnte ja mal...“, „MAN sollte vielleicht...“, „MAN müsste eigentlich...“ Drei Sätze, null Verantwortung. Wie Wolken, die vorüberziehen: schön anzusehen, aber nichts zum Festhalten.

Aha-Alex: Oh nein, da fühle ich mich ertappt. Gestern in der Projektbesprechung habe ich allen Ernstes gesagt: „MAN müsste die Deadline eventuell noch mal überdenken.“ Kein Wunder, dass darauf nur betretenes Schweigen folgte.

KIM: Meine Textanalysen zeigen ein interessantes Muster: Je mehr MAN-Formulierungen in Protokollen auftauchen, desto weniger konkrete Maßnahmen werden tatsächlich umgesetzt. Faszinierend, wie sich sprachliche Unverbindlichkeit in messbar schlechteren Ergebnissen niederschlägt.

Kommunikations-Katrin: Hier setzt unser Hack an: Ersetze jedes MAN durch ein klares ICH oder WIR. Aus deinem Beispiel, Alex, wird dann: „Ich schlage vor, dass wir die Deadline neu diskutieren." Plötzlich hat der Satz Kraft und einen Menschen, der dahintersteht.

Aha-Alex: Stimmt, das klingt gleich viel verbindlicher. Hm, manchmal verstecke ich mich extra hinter dem MAN, besonders wenn ich unsicher bin oder niemanden vor den Kopf stoßen will.

KIM: Ein typisches Verhaltensmuster. In meiner Datenbank taucht das MAN besonders häufig auf bei Feedback, in angespannten Situationen und wenn Menschen ihre Meinung äußern.

Kommunikations-Katrin: Lass uns einige MAN-Verstecke aufspüren:

- Da macht MAN sich schon seine Gedanken.
- Das kann MAN so nicht stehen lassen.
- Darüber spricht MAN nicht.

Und jetzt mit Ich-Power:

- Ich mache mir darüber Gedanken.
- Das sehe ich anders.
- Darüber möchte ich nicht sprechen.

Aha-Alex: Die zweite Version klingt viel direkter und klarer. Wie kriege ich diese Formulierungen in meinen Alltag?

KIM: Für den Start empfehle ich diesen Prompt:

„Bitte identifiziere alle MAN-Formulierungen in diesem Text (hier deinen Text einfügen) und ersetze sie durch aktive Ich- oder Wir-Aussagen. Achte dabei auf einen selbstbewussten und nicht konfrontativen Ton."

Kommunikations-Katrin: Der Prompt ist dein erster Schritt. Für nachhaltiges MAN-Detox hier drei praktische Übungen:

- Bitte eine Person deines Vertrauens, dich auf deine MAN-Floskeln hinzuweisen.
- Nimm ein Meeting auf (mit Erlaubnis der Beteiligten) und zähle deine MAN-Momente.

- Schreibe eine typische E-Mail zweimal: einmal mit MAN, einmal mit ICH/WIR, und spüre den Unterschied.

Aha-Alex: Das teste ich direkt in meiner nächsten Team-Mail. Statt „MAN sollte die Präsentation bis Freitag fertigstellen." schreibe ich „Ich stelle die Präsentation bis Freitag fertig." Wow, das fühlt sich gleich verbindlicher an!

KIM: Meine Analysen zeigen: Klare Ich-/WIR-Botschaften führen nachweislich zu mehr konstruktiven Reaktionen und konkreten Ergebnissen.

Kommunikations-Katrin: Super. Ein ICH ist wie ein Ausrufezeichen für deine Persönlichkeit. Es zeigt deine Verantwortung und dein Selbstvertrauen. Je öfter du übst, desto mehr wird dein Umfeld dich als klare und authentische Persönlichkeit wahrnehmen. Beim nächsten Hack zeige ich dir, wie du...

Aha-Alex: Moment, ich höre gerade in mein letztes Meeting rein. Oh je, acht MAN in fünf Minuten. Zeit für meine persönliche ICH-Offensive!

HACK 4

MÜSSEN versus WOLLEN

Pflicht in Motivation verwandeln

Kommunikations-Katrin: Das Wort MÜSSEN ist wie ein schwerer Rucksack. Je öfter du es benutzt, desto mehr drückt es dich nach unten. In meinem letzten Workshop sagte eine Teilnehmerin: „Ständig trage ich dieses MÜSSEN mit mir rum. Ich MUSS abnehmen, ich MUSS mehr Sport machen, ich MUSS im Business performen." Ihre Stimme klang dabei so erschöpft wie nach einem Marathon.

Aha-Alex: Oh ja, das kenne ich. Gestern Abend habe ich zu meinem Partner gesagt: „Ich MUSS noch zwei Berichte fertigmachen, MUSS aufräumen, MUSS einkaufen..." Kein Wunder, dass ich mich wie in einem Hamsterrad fühle.

KIM: Meine Sprachanalysen zeigen, dass das Wort MÜSSEN in negativen Gedankenspiralen signifikant häufiger auftaucht als in positiven Formulierungen. Ein faszinierendes Muster in meiner Datenbank: Je mehr MUSS-Formulierungen, desto länger die To-Do-Listen. Als hätten

Menschen eine Art MUSS-Sammelleidenschaft. Lasst uns einen MUSS-Entrümpelungstag einführen.

Kommunikations-Katrin: Genau hier setzt unser Hack an. Wir verwandeln jedes MÜSSEN in ein WOLLEN oder MÖCHTEN. Das klingt erstmal simpel, verändert jedoch alles. Schau dir diese Beispiele an:

Vorher

- Ich MUSS diese Deadline einhalten.
- Ich MUSS abnehmen.
- Ich MUSS mehr Geld verdienen.

Nachher

- Ich MÖCHTE diese Deadline einhalten, weil ich es meinem wichtigsten Kunden zugesagt habe.
- Ich WILL mich gesund ernähren, weil mir mein Körper wichtig ist.
- Ich MÖCHTE mehr verdienen, um mir meine Träume zu erfüllen.

Aha-Alex: Moment mal, bei manchen Sachen MUSS ich doch einfach! An der roten Ampel zum Beispiel.

KIM: Technisch gesehen eine Regelkonformitätssituation. Und auch hier liegt eine bewusste Entscheidung vor: „Ich halte an, weil mir Sicherheit im Straßenverkehr wichtig ist. Damit schütze ich mich und andere.“ Faszinierend, wie sich Zwang in Wahl verwandelt.

Aha-Alex: Ha! Das erkläre ich das nächste Mal meinem Partner: „Schatz, ich WILL hier anhalten, weil mir unser Leben wichtig ist.“ *lacht.*

KIM: Für die praktische Umsetzung empfehle ich diese Übung: Dokumentiere einen Tag lang jedes MUSS in deinen Gedanken und Gesprächen. Nutze dann diesen Prompt:

„Bitte verwandle die MUSS-Aussagen in diesem Text (hier deinen Text einfügen) in positive Willens-Erklärungen. Zeige dabei auf, welcher persönliche Wert oder welche Motivation hinter der jeweiligen Entscheidung steht.“

Kommunikations-Katrin: Perfekt. Hier sind drei praktische Übungen für den Start:

Der MUSS-Detektor

- Führe einen Tag lang Strichliste über deine MUSS-Momente.
- Notiere, wie du dich dabei fühlst.
- Formuliere abends drei Kernaussagen ins WOLLEN um.

Der Werte-Kompass

- Frage bei jedem MUSS: Was ist mir daran wichtig?
- Welchen meiner Werte lebe ich damit?
- Wie kann ich den Satz oder Gedanken positiv ausdrücken?

Die Morgen-Motivation

- Schreibe morgens drei „Ich MUSS"-Sätze auf.
- Verwandle sie in kraftvolle „Ich WILL"-Aussagen.
- Spüre den Unterschied in deiner Energie.

Aha-Alex: Das probiere ich direkt aus. Aus „Ich MUSS noch den Bericht schreiben." wird „Ich MÖCHTE den Bericht fertigstellen, weil ich stolz auf meine Arbeit bin." Das fühlt sich gleich viel motivierender an.

KIM: Ein zusätzlicher Fun Fact: Studien zeigen, dass Worte wie WOLLEN und MÖCHTEN den präfrontalen Kortex aktivieren, das Zentrum für positive Entscheidungen. MÜSSEN hingegen aktiviert eher das Stresszentrum. Deine Worte beeinflussen also direkt, wie dein Gehirn arbeitet.

Kommunikations-Katrin: Genau! Jedes WOLLEN, jedes MÖCHTEN stärkt deine innere Freiheit. Je bewusster du dein MÜSSEN in ein WOLLEN verwandelst, desto freier fühlst du dich. Du wirst merken, dass du immer eine Wahl hast, sogar bei der roten Ampel. Beim nächsten Hack zeige ich dir, wie du...

Aha-Alex: Warte kurz. Ich sehe gerade meine To-Do-Liste durch. Da warten mindestens zehn MUSS-Kandidaten auf ihre Verwandlung in WILL-Power. Und ich streiche sofort das „Ich MUSS die Küche aufräumen." von meiner Liste. Jetzt heißt es: „Ich WILL die Küche aufräumen, weil ich morgen mein Frühstück ohne Chaos genießen möchte!" Klingt schon viel besser.

HACK 5

ABER versus UND

Kleine Worte, große Wirkung

Kommunikations-Katrin: Neulich berichtete ein Projektleiter über sein Feedback-Gespräch mit einer Kollegin. Er sagte zu ihr: „Ihre Präsentation war wirklich gut, ABER die Zahlen hätten detaillierter sein können.“ Sie nickte höflich, und er konnte sehen, dass sie sich gekränkt fühlte. Er fragte mich, warum. Es lag eindeutig an seinem ABER. Es wirkte wie ein Schlag ins Gesicht.

Wie wäre es stattdessen gewesen, wenn er gesagt hätte: „Ihre Präsentation war wirklich gut UND mit ein paar zusätzlichen Details könnten Sie noch mehr überzeugen.“? Plötzlich fühlt sich die Kritik nicht mehr wie ein Angriff an, sondern wie ein wertvoller Vorschlag.

Aha-Alex: Das kenne ich. Ich sage ständig Dinge wie: „Deine Idee ist spannend, ABER ich denke, wir sollten es anders machen.“ Und dann wundere ich mich, warum die Leute so defensiv reagieren. Ich könnte genauso gut sagen: „Deine Idee ist spannend UND ich habe noch einen Gedanken dazu.“ Das klingt doch gleich viel kooperativer, oder?

KIM: Richtig, Alex. Meine Sprachanalysen zeigen, dass ABER oft unbewusst als Negierung wahrgenommen wird. Die Botschaft nach dem ABER, die ergänzen oder relativieren soll, wird als Nein oder Widerspruch interpretiert. Wenn du stattdessen UND verwendest, schafft das eine Verbindung zwischen den Aussagen. Das klingt harmonischer, stärkt die Beziehung und fördert den Dialog.

Hier ist ein praktischer Prompt, um das bewusst zu trainieren:

„Bitte formuliere diese Aussage (hier die Aussage einfügen) mit einer konstruktiven Verbindung, die ABER durch UND ersetzt. Achte darauf, dass die ursprüngliche Wertschätzung erhalten bleibt, die Kritik oder Ergänzung nicht als Negierung wirkt und der Ton kooperativ und motivierend ist.“

So kannst du üben, auch in schwierigen Gesprächen einen positiven Ton treffen.

Kommunikations-Katrin: ABER wirkt wie ein Stopp-Schild in Gesprächen. Es bremst die Energie. Wenn du zuerst etwas Positives sagst und dann ein ABER hinterherschiebst, bleibt oft nur die Kritik hängen.

Schau dir diese Beispiele an:

- Das ist eine gute Idee, ABER wir haben kein Budget.
- Das hast du gut gemacht, ABER nächstes Mal mach es anders.

Das ABER signalisiert: Alles, was vorher geäußert wurde, ist hinfällig. Kein Wunder, dass solche Formulierungen defensives Verhalten oder Frust auslösen.

Aha-Alex: Ich sehe schon, wie viel ich mit UND verbessern kann. Schau dir mal das an:

- Das ist eine gute Idee UND ich frage mich, wie wir sie mit unseren aktuellen Mitteln umsetzen können.
- Das hast du gut gemacht UND ich denke, wir können nächstes Mal noch stärker auf diesen Punkt eingehen.

Das klingt doch gleich viel positiver, oder?

Kommunikations-Katrin: Ja. Hier sind drei Übungen, um ABER durch UND zu ersetzen:

Das Ampel-Training

- Höre dir in Meetings oder Gesprächen bewusst zu. Jedes Mal, wenn du ein ABER sagen willst, stell dir eine rote Ampel vor.
- Ersetze das ABER durch ein UND. Notiere dir die Reaktionen deines Gesprächspartners.

Das Reframing-Experiment

- Schreibe drei typische Aussagen mit ABER aus deinem Alltag auf.
- Formuliere sie um, indem du ABER durch UND ersetzt. Achte darauf, wie sich der Ton verändert.

Die UND-Challenge

- Nimm dir vor, einen Tag lang bewusst auf ABER zu verzichten. Finde in jeder Situation Alternativen.

KIM: ABER ist oft ein unscheinbares Wort mit großer Wirkung. Es signalisiert Konfrontation und Ablehnung, selbst wenn das gar nicht beabsichtigt ist. UND hingegen schafft Verbindungen und lädt zum Dialog ein. Studien zeigen, dass solche Formulierungen die Stimmung verbessern und die Bereitschaft erhöhen, zusammenzuarbeiten.

Kommunikations-Katrin: Ja, genau. Wenn du das regelmäßig übst, wirst du merken, wie viel positiver und klarer deine Gespräche werden. Beim nächsten Hack zeige ich dir, wie du...

Aha-Alex: Moment, halt, halt! Ich wollte gerade in einer E-Mail schreiben: „Das ist ein guter Vorschlag, ABER er ist schwer umzusetzen." Jetzt schreibe ich lieber: „Das ist ein guter Vorschlag UND ich überlege, wie wir ihn in die Praxis bringen können." Ich wette, das kommt viel besser an. Danke für diesen Hack!

HACK 6

Kurze Sätze

Klar und verständlich statt komplizierter Schachtelsätze

Kommunikations-Katrin: Du kennst das sicher: Eine E-Mail, die aussieht wie ein Textlabyrinth, oder ein Meeting, bei dem du den roten Faden nach dem dritten Nebensatz verlierst. Der Grund? Schachtelsätze, die sich winden wie Spaghetti auf dem Teller. Sie sehen beeindruckend aus, sie sind allerdings schwer verdaulich. Die Lösung? Kurze, klare Hauptsätze. Ein Satz, eine Botschaft.

Aha-Alex: Oh ja, das trifft mich mitten ins Herz. Letzte Woche habe ich meinem Chef eine E-Mail geschrieben. Der erste Satz war so lang, dass ich am Ende selbst vergessen habe, worum es ging. Wie schaffe ich es, klarer zu schreiben, ohne dabei oberflächlich zu klingen?

KIM: Meine Textanalysen zeigen: Lange Schachtelsätze überfordern viele Menschen, da sie die Aufmerksamkeit verringern und die Botschaft unklar machen, wie bei manchen Politiker:innen und Jurist:innen. Menschen verlieren den Fokus und die Aussage geht unter. Klare

Hauptsätze hingegen erleichtern die Verständlichkeit und bleiben besser im Gedächtnis.

Kommunikations-Katrin: Genau hier setzt unser Hack an. Reduziere Schachtelsätze auf das Wesentliche. Lass mich ein Beispiel bringen:

- Schachtelsatz: Die Strategie, die wir vor zwei Jahren entwickelt haben, sollte sicherstellen, dass unsere Umsatzziele, die wir uns für das Geschäftsjahr gesteckt haben, erreicht werden, was jedoch aufgrund der aktuellen Marktveränderungen, die niemand vorhergesehen hat, nicht gelungen ist.
- Hauptsätze: Unsere Strategie aus 2021 sollte unsere Umsatzziele sichern. Die Marktveränderungen haben das verhindert.

Merkst du, wie viel klarer die Botschaft jetzt ist? Kein unnötiger Ballast mehr.

Aha-Alex: Wow, das ist wie ein Frischluftstoß für meinen Text! Was mache ich mit den komplizierten Themen, die viele Details brauchen? Lange Sätze wirken doch professioneller?

Kommunikations-Katrin: Das stimmt so nicht. Professionalität zeigt sich nicht in der Länge deiner Sätze. Sie zeigt sich in deren Klarheit. Lange Sätze wirken oft nur wichtig, klare Sätze sind es wirklich. Denk daran: Du schreibst nicht, um zu beeindrucken, sondern um verstanden zu werden.

KIM: Für komplexe Themen hilft dieser Prompt:

„Bitte analysiere diesen Text (hier deinen Text einfügen) und formuliere lange Sätze in maximal zwei Hauptsätze um. Halte sie prägnant und verständlich, ohne den Inhalt zu verlieren."

Beispiel:

- Original: Die Zusammenarbeit, die wir mit dem neuen Partner eingegangen sind, hat zwar einige Herausforderungen mit sich gebracht, die wir jedoch durch eine verbesserte Kommunikation und eine klare Aufgabenverteilung lösen konnten.

- Vorschlag: Die Zusammenarbeit mit dem neuen Partner startete mit verschiedenen Herausforderungen. Die haben wir durch bessere Kommunikation und klare Aufgabenverteilung gelöst.

Aha-Alex: Das klingt viel besser! Wie kann ich lernen, meine eigenen Schachtelsätze zu erkennen?

Kommunikations-Katrin: Hier sind drei einfache Übungen, um deine Texte kurz und klar zu halten:

Der Punkt-Test
- Lies deinen Text laut vor.
- Setze gedanklich einen Punkt, sobald du Luft holen musst.
- Alles danach gehört in einen neuen Satz.

Das Eine-Botschaft-Prinzip
- Jeder Satz darf nur eine zentrale Botschaft enthalten.
- Schreibe für jede Idee einen neuen Satz.

Der Präzisions-Check
- Frage dich: Welche Informationen sind wirklich relevant?
- Streiche alle unnötigen Nebensätze und Erklärungen.

Aha-Alex: Diese Übungen probiere ich sofort aus. Meine nächste E-Mail werde ich Punkt für Punkt aufdröseln. Aus „Das Team, das an dem neuen Projekt arbeitet, hat viele gute Ideen eingebracht, die wir in der nächsten Sitzung besprechen sollten, um eine Entscheidung darüber zu treffen, wie wir weiter vorgehen wollen.“, mache ich jetzt: „Das Team hat viele gute Ideen eingebracht. Wir besprechen sie in der nächsten Sitzung und entscheiden, wie es damit weitergeht.“ Das fühlt sich viel besser an.

KIM: Meine Datenanalysen zeigen, dass kurze Sätze die Aufmerksamkeit erhöhen. Außerdem steigern sie signifikant die Wahrscheinlichkeit, dass die Botschaft richtig verstanden wird. Prägnanz ist also höflich UND effektiv.

Kommunikations-Katrin: Klarheit ist das Herzstück jeder guten Kommunikation. Kurze Sätze helfen dir, präzise, glaubwürdig und wirkungsvoll zu bleiben. Wenn du diesen Hack regelmäßig anwendest, wirst du besser verstanden und auch als klarer Denker wahrgenommen. Lass die Schachtelsätze hinter dir. Dein Publikum wird es dir danken. Beim nächsten Hack zeige ich dir, wie du...

Aha-Alex: Moment, Katrin, ich überarbeite schnell noch meinen Projektbericht. Aus „Wir sollten die Strategie, die wir letztes Jahr beschlossen haben, kritisch prüfen und uns darauf einigen, wie wir die Herausforderungen, die im nächsten Quartal auf uns zukommen, bewältigen wollen.“, mache ich: „Wir prüfen die Strategie vom letzten Jahr. Dann entscheiden wir, wie wir die Herausforderungen im nächsten Quartal angehen.“ Ich liebe diesen Hack!

HACK 7

Treffsicher formulieren

Mit der richtigen Wortwahl überzeugen

Kommunikations-Katrin: Letzte Woche saß ich in einem Meeting. Eine Kollegin hatte brillante Ideen und sie klangen so: „Eigentlich hätte ich da einen Vorschlag..." und „Wir könnten das ja vielleicht so machen..." Ihre Gedanken waren Gold wert, doch ihre Wortwahl machten sie zu Kleingeld.

Aha-Alex: Oh je, das bin ich. Gestern im Team-Meeting habe ich nicht nur einmal „eigentlich" benutzt. Mein Highlight war: „Eigentlich würde ich ja vorschlagen..." und schon haben alle nur noch auf ihre Handys geschaut. Dabei war meine Idee echt gut.

KIM: Meine Sprachanalysen zeigen: Wörter wie EIGENTLICH und Konjunktive wie WÜRDE, HÄTTE und KÖNNTE schwächen die Signalstärke deiner Aussagen signifikant ab. Sie funktionieren wie ein digitaler Dimmer für deine Überzeugungskraft.

Kommunikations-Katrin: Genau hier setzt unser Hack an. Wir streichen diese Krafträuber und ersetzen sie durch klare Aussagen. Aus „Eigentlich hätte ich da einen Vorschlag." wird „Mein Vorschlag ist...". Schau dir diese Verwandlungen an:

Vorher
- Eigentlich bin ich die Richtige für das Projekt.
- Das ließe sich auch anders betrachten.
- Ich würde sagen, das funktioniert.

Nachher
- Ich bin die Richtige für das Projekt.
- Ich sehe das anders.
- Ich bin überzeugt, dass das funktioniert.

KIM: Eine kleine Warnung aus meiner Datenbank: Diese Abschwächer schleichen sich oft automatisch ein. Sie sind wie kleine Viren im Sprachcode, erst mal drin, vermehren sie sich rasant.

Aha-Alex: Stimmt. In meiner letzten E-Mail stand tatsächlich: „Eigentlich hätte ich da noch eine Idee, die sich vielleicht umsetzen ließe." Kein Wunder, dass ich keine Antwort bekommen habe.

Kommunikations-Katrin: Die gute Nachricht ist: Mit ein paar präzisen Schnitten werden aus schwammigen Aussagen starke Botschaften. Typische Schwächen sind:

Das „eigentlich"-Problem
- Ich liebe eigentlich meinen Job. → Ich liebe meinen Job.
- Das kann ich eigentlich gut. → Das kann ich gut.
- Eigentlich war das super. → Das war super.

Die Konjunktiv-Falle
- Ich hätte da eine Idee. → Ich habe eine Idee.
- Das könnten wir so lösen. → Mein Lösungsvorschlag ist...
- Würde sagen, das klappt. → Ich sage, dass das klappt.

KIM: Für die praktische Umsetzung empfehle ich diesen Prompt:

„Bitte analysiere folgenden Text (hier deinen Text einfügen) auf versteckte Abschwächungen wie EIGENTLICH und Konjunktive. Formuliere die Sätze in klare, direkte Aussagen um. Behalte dabei den respektvollen Ton bei."

Aha-Alex: Moment mal, manchmal will ich doch höflich sein oder Spielraum lassen. Muss ich jetzt immer knallhart formulieren?

Kommunikations-Katrin: Gute Frage, Alex. Höflichkeit und Präzision schließen sich nicht aus. Der Trick ist, bewusst zu entscheiden: Will ich Optionen offenhalten? Dann nutze Konjunktive gezielt. Willst du überzeugen? Dann bleib präzise. Es geht nicht um knallhart, sondern um klar.

KIM: Hier sind zwei praktische Beispiele aus meiner Datenbank:

- unscharf: Eigentlich würde ich vorschlagen...
- präzise: Ich schlage vor... Was denken Sie darüber?

- unscharf: Das ließe sich auch anders umsetzen...
- präzise: Ich sehe zwei Möglichkeiten: Option A... Option B...

Kommunikations-Katrin: Hier sind drei praktische Übungen für den Start:

Der Präzisions-Check

- Markiere in deinen E-Mails alle „eigentlich" und Konjunktive.
- Streiche sie durch und lies den Text nochmal.
- Spüre den Unterschied in der Wirkung.

Die Klartext-Challenge

- Notiere einen Tag lang deine „eigentlich"-Momente.
- Formuliere sie direkt in klare Aussagen um.
- Beobachte die veränderten Reaktionen.

Der Power-TÜV

- Finde in jedem „würde/könnte/hätte“ die versteckte Absicht.
- Formuliere sie als direkte Aussage.
- Ergänze bei Bedarf eine höfliche Frage.

Aha-Alex: Die Übungen probiere ich direkt aus. Aus meiner Standard-E-Mail „Eigentlich würde ich vorschlagen, dass wir uns mal treffen könnten.“ wird jetzt „Ich schlage ein Treffen am Dienstag um 14:00 Uhr vor. Passt das bei Ihnen?“ Wow, das klingt gleich viel professioneller!

KIM: Richtig. Und für fortgeschrittene Präzision hier ein erweiterter Prompt: „Identifiziere in diesem Text (hier deinen Text einfügen) versteckte Abschwächungen und zeige zwei Versionen: Eine direkte Aussage für Entscheidungsmomente und eine diplomatische Formulierung für Verhandlungssituationen.“

Kommunikations-Katrin: Super! Klare Sprache ist wie ein scharfes Messer, es schneidet präzise. Mit zu viel Druck schadet es jedoch mehr, als es nützt. Entscheide bewusst, wann du Klartext sprichst und wann du Spielraum lässt. Beim nächsten Hack zeige ich dir, wie du...

Aha-Alex: Warte kurz. Da fällt mir gerade meine Bewerbung für die neue Stelle ein. „Eigentlich würde ich gut ins Team passen.“ Zeit für eine kraftvolle Überarbeitung: „Ich passe perfekt ins Team, weil...“ Und dieses Mal schickt meine innere Kritikerin keine Nachträge!

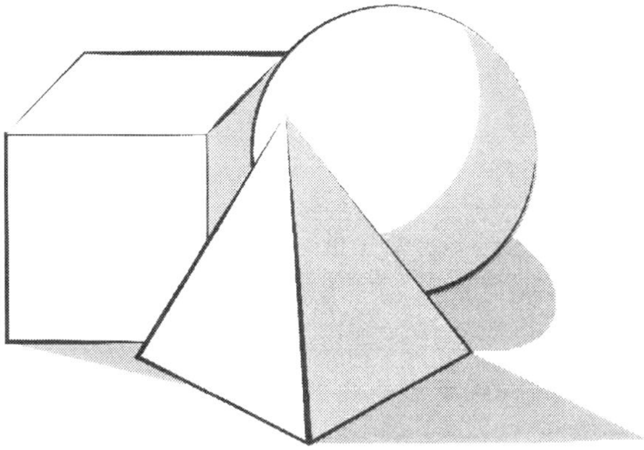

HACK 8

Füllwörter ade

Mehr Fokus und Präzision in Texten

Kommunikations-Katrin: Als ich gestern die Präsentation meiner Kundin hörte, klang das ungefähr so: „Wir haben quasi die Zahlen sozusagen analysiert und irgendwie sieht es grundsätzlich ganz gut aus." Ein Satz wie ein Wattebausch, weich, undeutlich und ohne festen Kern.

Aha-Alex: Oh je, das kommt mir total bekannt vor. Gerade eben in meinem Meeting habe ich gesagt: „Also im Prinzip könnten wir grundsätzlich nächste Woche damit anfangen." Kein Wunder, dass alle nur verwirrt geschaut haben.

KIM: Meine Textanalysen zeigen: Jedes Füllwort verwässert die Botschaft spürbar. Sätze ohne Füllwörter werden deutlich besser verstanden und überzeugen mehr.

Kommunikations-Katrin: Genau hier setzt unser Hack an. Streiche jedes Wort, das keine echte Bedeutung trägt. Aus deinem Beispiel, Alex, wird dann: „Wir fangen nächste Woche damit an." Deine Aussage steht klar und fest wie ein gut geschnürter Schuh.

Aha-Alex: Stimmt, das klingt wie eine klare Botschaft. Welche Wörter sind die größten Verwässerer?

KIM: In meiner Datenbank habe ich die häufigsten Füllwörter analysiert. Hier die komplette Liste: quasi, sozusagen, vielleicht, irgendwie, grundsätzlich, im Prinzip, sicherlich, in gewisser Weise, halt, eben, mal, nun, also, naja, im Grunde, gewissermaßen, an sich, durchaus, eventuell, unter Umständen, möglicherweise, im Großen und Ganzen, mehr oder weniger, ein bisschen, ein wenig, relativ, ziemlich, ganz, etwas, in etwa, ungefähr.

Kommunikations-Katrin: Hier drei typische Sätze im Vergleich:

- Wir haben quasi das Projekt irgendwie vorangebracht.
- Grundsätzlich sind die Ergebnisse sozusagen positiv.
- Im Prinzip läuft es in gewisser Weise nach Plan.

Und jetzt ohne Watte:

- Wir haben das Projekt vorangebracht.
- Die Ergebnisse sind positiv.
- Das Projekt läuft nach Plan.

Aha-Alex: Die zweite Version klingt viel professioneller. Wie bekomme ich diese Klarheit in meine Texte?

KIM: Für den Start nutze diesen Prompt:

„Bitte identifiziere alle Füllwörter in diesem Text (hier deinen Text einfügen) und streiche sie. Der Inhalt soll dabei unverändert bleiben. Achte besonders auf Wörter wie quasi, sozusagen, vielleicht, irgendwie, grundsätzlich, im Prinzip, sicherlich, in gewisser Weise, halt, eben, mal, nun, also, naja, im Grunde, gewissermaßen, an sich, durchaus, eventuell, unter Umständen, möglicherweise, im Großen und Ganzen, mehr oder weniger, ein bisschen, ein wenig, relativ, ziemlich, ganz, etwas, in etwa, ungefähr."

Kommunikations-Katrin: Der Prompt hilft dir beim Start. Für dauerhafte Klarheit hier drei Übungen:

- Markiere in deinen letzten drei E-Mails jedes Füllwort.
- Lies den Text laut, dann fallen dir die Füllwörter sofort auf.
- Frag dich bei jedem Wort: Trägt es zur Aussage bei? Falls nein: weg damit.

Aha-Alex: Das probiere ich direkt aus. Aus „Die Zahlen haben sich quasi irgendwie positiv entwickelt." wird „Die Zahlen haben sich positiv entwickelt." Der Unterschied ist enorm!

KIM: Meine Analysen bestätigen: Texte ohne Füllwörter bleiben besser im Gedächtnis und wirken souveräner.

Kommunikations-Katrin: Genau. Jedes gestrichene Füllwort macht deinen Text klarer, wie wenn du einen verschmutzten Spiegel putzt. Mit jedem Wisch wird das Bild deutlicher. Je mehr du übst, desto natürlicher wird die klare Sprache. Und das Beste ist, dass dich die Empfänger deiner Botschaften als kompetenter und entschlossener wahrnehmen. Beim nächsten Hack zeige ich dir, wie du...

Aha-Alex: Halt, halt! Ich sehe gerade meine Notizen durch. Da warten noch mindestens zwanzig Wattebäusche auf ihren Abschied!

HACK 9

Präzision statt Drama

Absolutismen entschärfen

Kommunikations-Katrin: Da sitzen wir im Meeting und hören: „Das Team ist NIE pünktlich.“ „Die IT-Abteilung macht IMMER Ärger.“ „KEINER liest meine Berichte.“ Diese absoluten Aussagen klingen vielleicht eindrucksvoll, doch sie blockieren den Weg zu echten Lösungen.

Aha-Alex: Ja, das habe ich schon beobachtet. Gerade habe ich meine Kollegin sagen gehört: „Ich bin IMMER so unorganisiert.“ und „NIEMAND liest meine E-Mails richtig.“ Schon komisch, positive Absolutismen wie „Ich mache das IMMER großartig.“ höre ich von ihr hingegen nie.

KIM: Meine Textanalysen zeigen ein faszinierendes Muster: Absolutismen wie NIE, IMMER, ALLE, KEINER und NIEMAND tauchen fast ausschließlich in negativen Aussagen auf. Sie verzerren die Wahrnehmung und lassen oft die wichtigsten Details außer Acht.

Kommunikations-Katrin: Diese Absolutismen sind wie Baustellen im Kopf. Sie blockieren den Weg zu klaren Gedanken und Lösungen. Dabei hilft eine einfache Frage: „Wirklich? Wirklich IMMER? Wirklich ALLE?“ Hier drei typische Beispiele und wie wir sie umformulieren können:

- NIE hörst du mir zu. → Gestern im Meeting hatte ich den Eindruck, dass mein Punkt bei dir nicht ankam.
- Das Team ist IMMER unpünktlich. → In der letzten Woche kamen drei Abgaben später als geplant.
- ALLE sind dagegen. → Zwei Kolleg:innen haben Bedenken geäußert.

Aha-Alex: Das macht einen riesigen Unterschied. Wenn ich sage „NIEMAND liest meine E-Mails.“, fühle ich mich frustriert und hilflos. Bei „Zwei von fünf Kolleg:innen haben eine wichtige Information übersehen.“ kann ich konkret ansetzen und etwas ändern.

KIM: Für die Praxis empfehle ich diesen Prompt:

„Bitte analysiere diesen Text (hier deinen Text einfügen) und finde Absolutismen wie NIE, IMMER, ALLE, NIEMAND und KEINER. Stelle mir Fragen zu den tatsächlichen Fakten und formuliere die Aussage so um, dass sie klar, präzise und lösungsorientiert bleibt.“

Kommunikations-Katrin: Hier sind drei praktische Übungen, um Absolutismen zu erkennen und zu vermeiden:

Der Reality-Check

- Höre eine Woche lang bewusst auf deine NIE/IMMER-Aussagen.
- Schreibe die Situation auf und frage dich: Stimmt das wirklich zu 100 %?
- Notiere präzise, was tatsächlich passiert ist.

Die Zahlen-Methode

- Zähle konkrete Fälle und setze Zahlen in deinen Aussagen ein.
- Beobachte, wie sich dein Gefühl zur Situation ändert.
- „ALLE sind dagegen.“ wird zu „Drei von acht haben Bedenken.“

Der Perspektiven-Test

- Würde ein neutraler Beobachter das genauso sehen?
- Welche Ausnahmen gibt es?
- Was wären präzisere Formulierungen?

Aha-Alex: Die Übungen probiere ich gleich aus. Mein „Das Team liefert NIE pünktlich." stimmt ja gar nicht. Von den letzten zehn Projekten waren sieben im Zeitplan.

KIM: Meine Analysen bestätigen: Sobald Menschen Absolutismen durch präzise Formulierungen ersetzen, finden sie den Weg zu Klarheit und konstruktiven Lösungen deutlich schneller. Es ist, als würde ein Nebelschleier verschwinden.

Kommunikations-Katrin: Absolutismen durch präzise Formulierungen zu ersetzen, ist wie ein Blick durch eine klare Linse. Plötzlich siehst du Details, die dir vorher verborgen blieben. Je öfter du übst, desto leichter fällt dieser klare Blick. Beim nächsten Hack zeige ich dir, wie du...

Aha-Alex: Moment, Katrin, ich überarbeite schnell mein Feedback fürs Team. Aus „Ihr seid IMMER so still in Meetings." mache ich „In den letzten drei Meetings haben sich nur drei von euch aktiv beteiligt." Danke für den Tipp, das fühlt sich gleich viel klarer an!

HACK 10

Das Gold-in-Gold-out-Prinzip

Worte für mehr Motivation und Klarheit

Kommunikations-Katrin: Du kennst das bestimmt: Du bist im Meeting und jemand sagt „Das schaffen wir nie." BÄMM. Die Motivation ist dahin, die Stimmung schwer wie Blei. Dabei könnte die gleiche Aussage auch heißen: „Okay, wie packen wir das an?" Und plötzlich ist die Energie zurück, das Team ist wie ein Schalter auf „Lösungen finden“ umgeswitcht. Lasst uns „Shit-in-Shit-out" umdrehen in „Gold-in-Gold-out“. Genau darum geht‘s heute: Herausforderungen zu Gold machen. Mit Worten.

Aha-Alex: Oh ja. Gestern im Team habe ich gesagt: „Die Präsentation war total daneben." Zack, alle Schultern hingen auf Halbmast. Dabei wollte ich doch nur mein Gefühl teilen und aufrufen: „Hey, lasst uns die Präsentation nächstes Mal richtig rocken!" In meiner Version war wohl eher Gold raus, Blei rein. Und in meinem Kopf läuft‘s auch nicht besser.

Bei jedem Fehler denke ich: „Mensch Alex, bist du ungeschickt." Wie soll ich da motiviert bleiben?

KIM: Meine Analysen zeigen ein faszinierendes Muster: Der Unterschied zwischen negativen und positiven Formulierungen verändert direkt unsere Problemlösungsfähigkeit und unsere Motivation. Es ist wie ein neuronaler Schalter von „blockiert“ zu „aktiviert“. Oder wie bei mir von „debuggen“ zu „performen“.

Kommunikations-Katrin: Das Gold-in-Gold-out-Prinzip funktioniert überall: im Job, privat und besonders in deiner Eigenkommunikation. Hier sind Beispiele aus allen Bereichen:

Im Beruf
- Das ist ein riesiges Problem.
  → Das fordert unsere Kreativität heraus.
- Die Zahlen sind schlecht.
  → Die Zahlen zeigen uns, wo wir uns verbessern können.

Im Privaten
- Nie hörst du mir zu.
  → Ich wünsche mir, dass du mir deine Aufmerksamkeit schenkst.

In der Eigenkommunikation
- Ich bin einfach nicht gut genug.
  → Ich lerne und entwickle mich jeden Tag weiter.

Aha-Alex: Oh, und nicht nur im Job. Gestern am Esstisch: „Boah, das Essen schmeckt fad." Riesenfehler! Ein einfaches „Mit ein bisschen Salz und Pfeffer schmeckt das noch besser." hätte den ganzen Abend entspannter gemacht. Manchmal ist der Unterschied zwischen einem guten und einem schwierigen Abend wirklich nur ein Satz.

KIM: Hier sind zwei Prompts, die dir helfen:

Für den Start:

„Bitte wandle diese Aussage (hier deinen Text einfügen) in eine konstruktive, lösungsorientierte Formulierung um. Der neue Text soll die gleiche Information transportieren, Motivation erzeugen, Handlungsmöglichkeiten aufzeigen und positiv und authentisch klingen."

Für Power-User:innen:

"Bitte analysiere diesen Text (hier deinen Text einfügen) auf negative Formulierungen und ersetze sie durch lösungsorientierte, motivierende Alternativen. Zeige mir außerdem, wie sich die Wirkung der Aussage verändert."

Kommunikations-Katrin: Mach direkt den Test. Nimm eine typische Aussage, die dir heute über die Lippen gekommen ist, z.B. „Das war echt mies." Jetzt dreh sie um: „Das zeigt uns, was wir nächstes Mal besser machen können." Merkst du, wie anders sich das anfühlt?

Hier sind drei Übungen, die du direkt umsetzen kannst:

Der Gold-Test

- Höre dir heute selbst zu, auch deiner inneren Stimme.
- Entdeckst du einen Negativsatz?
- Dreh ihn direkt ins Positive um.

Das Team-Experiment

- Sammelt eine Woche lang Negativsätze und brainstormt gemeinsam bessere Alternativen. Team-Energie garantiert!

Die Sofort-Frage

- Bei Problemen: Was ist unser nächster Schritt?
- Bei Kritik: Wie machen wir es besser?
- Bei Rückschlägen: Was nehmen wir fürs nächste Mal mit?

Übrigens: Mach heute den „Gold-Test" zu deiner Tages-Challenge. Jedes Mal, wenn dir ein negativer Satz über die Lippen kommt oder durch den Kopf geht, heißt das: Stopp! Dreh ihn um. Und wenn du dabei erwischt wirst? Strafe zahlen: ein Kompliment an die Kollegin oder den Kollegen. Klingt fair, oder?

KIM: Meine Datenanalyse bestätigt: Teams, die bewusst positive Formulierungen nutzen, finden schneller Lösungen. Ein zusätzlicher

Prompt für Fortgeschrittene: „Bitte analysiere diesen Text (hier deinen Text einfügen) auf demotivierende Formulierungen. Schlage drei Alternativen von neutral bis inspirierend vor. Wie bei einer trüben Fensterscheibe: Zeige mir, wie die Aussage in drei Stufen klarer und strahlender wirken kann."

Kommunikations-Katrin: Gold rein, Gold raus. Das funktioniert wie ein Muskel. Je öfter du trainierst, desto stärker wird er. Und das ist keine Schönfärberei. Es ist die bewusste Entscheidung, Probleme als Chancen zu sehen. Also, worauf wartest du? Schnapp dir den nächsten Negativsatz, dreh ihn um und mache Gold draus. Dein Umfeld? Wird staunen. Dein Kopf? Wird klarer. Deine Laune? Garantiert besser. Beim nächsten Hack zeige ich dir, wie du…

Aha-Alex: Moment, Katrin! Ich poliere noch schnell meine Präsentation auf Goldglanz. Aus „Die Verkaufszahlen sind eingebrochen." wird „Hier sind unsere Ansatzpunkte für Wachstum." Klingt doch gleich viel lösungsorientierter und stärker. Danke! Das fühlt sich direkt goldrichtig an, für mein Team und für mich selbst.

HACK 11

Die Energie der Worte

Mit maskuliner und femininer Kraft Wirkung erzielen

Kommunikations-Katrin: Hast du schon mal erlebt, dass ein Meeting stockt, bis plötzlich die richtigen Worte den Raum öffnen? Oder dass ein Teamgespräch scheitert, weil die Botschaft nicht die passende Energie hatte? Genau darum geht es in diesem Hack: die Energie der Worte.

Aha-Alex: Spannend. Ich merke das in Krisen oft selbst: „Klarheit" und „Struktur" geben mir Halt. Und wenn ich kreative Ideen brauche, motivieren mich Worte wie „entwickeln" oder „erkunden" viel mehr. Wie wähle ich die richtigen Worte für den richtigen Moment?

KIM: Meine Datenanalysen zeigen, dass erfolgreiche Kommunikation dann entsteht, wenn Worte die Energie des Moments treffen. Es gibt zwei grundlegende Wortenergien:

- Maskuline Energie: Stabilität, Klarheit, Führung. Sie strukturiert und fokussiert.
- Feminine Energie: Vertrauen, Kreativität, Verbundenheit. Sie verbindet und inspiriert.

Kommunikations-Katrin: Die Kunst liegt darin, diese Energien bewusst einzusetzen. Hier drei typische Situationen:
- Strategiemeeting: „Wir brauchen kreative Lösungen“ (feminin) UND „klare Strukturen für die Umsetzung.“ (maskulin).
- Teamkonflikt: „Ich verstehe eure Sichtweisen“ (feminin) UND „lasst uns konkrete Lösungen finden.“ (maskulin).
- Kund:innengespräch: „Gemeinsam finden wir den besten Weg“ (feminin) UND „mit messbaren Ergebnissen.“ (maskulin).

Aha-Alex: Das erinnert mich an mein letztes Mitarbeitenden-Gespräch. Mit strukturierten Zielvorgaben kam ich nicht weiter. Erst als ich von persönlicher Entwicklung und Potenzial sprach, erreichte ich meine Mitarbeiterin sofort.

KIM: Für die praktische Anwendung habe ich einen spezifischen Prompt entwickelt:

„Bitte analysiere diesen Text (hier deinen Text einfügen) auf seine energetische Wirkung und schlage Alternativen vor: einmal maskulin (klar/strukturiert), einmal feminin (verbindend/inspirierend). Der Kerninhalt soll erhalten bleiben.“

Kommunikations-Katrin: Danke Kim. Hier ist ein praktischer Fahrplan für typische Situationen:

Change-Prozesse
- Start (feminin): Gemeinsam Perspektiven entwickeln
- Mitte (maskulin): Konkrete Schritte umsetzen
- Ende (kombiniert): Mit Vertrauen und Struktur wachsen

Führungssituationen

- Vision (feminin): Potenziale entfalten
- Ziele (maskulin): Meilensteine definieren
- Team (kombiniert): Kreativ und fokussiert arbeiten

KIM: Für die ersten Schritte empfehle ich diese Übungen, die meine Analysen als besonders effektiv identifiziert haben:

- Schreibe eine wichtige E-Mail in drei Versionen: feminin, maskulin und kombiniert.
- Beobachte in deinem nächsten Meeting bewusst die Wirkung unterschiedlicher Wortenergien.
- Experimentiere mit meinem Prompt, um deine Texte gezielt zu analysieren und zu optimieren.

Aha-Alex: Das macht total Sinn. Meine Quartalsplanung braucht definitiv mehr maskuline Energie, „verbindliche Ziele“ statt „mögliche Entwicklungen“. Meinen Team-Newsletter schreibe ich jetzt bewusst inspirierender.

KIM: Meine Analysen der erfolgreichsten Kommunikatoren zeigen: sie nutzen die Wort-Energien wie ein DJ die Musik, immer passend zum Moment.

Kommunikations-Katrin: Perfekt. Die Energie der Worte ist dein Schlüssel zu mehr Wirkung. Übe, experimentiere und beobachte, wie du damit Türen öffnest. Beim nächsten Hack zeige ich dir, wie du...

Aha-Alex: Moment! Ich überarbeite schnell noch meine Präsentation. Der erste Teil braucht definitiv mehr inspirierende Energie, der zweite Teil dann klare Strukturen.

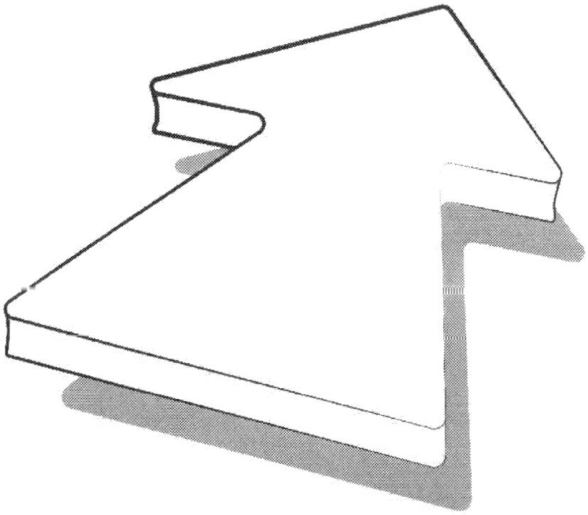

HACK 12

Eintauchen und umarmen? Nein danke!

Typische KI-Floskeln vermeiden

Kommunikations-Katrin: Gestern las ich die E-Mail eines Kollegen: „Lass uns gemeinsam in die Zukunft der Geschäftswelt eintauchen und den Wandel umarmen. Diese Ära wird unser Business revolutionieren." Klingt seltsam, oder?

Aha-Alex: Oh ja. Das erinnert mich an meinen letzten Newsletter. Da habe ich tatsächlich geschrieben: „Entdecken Sie mit uns nicht nur neue Wege, sondern auch spannende Möglichkeiten." Als ich das später las, kam ich mir vor wie ein KI-Chatbot.

KIM: Ein interessantes Phänomen. Diese Ausdrücke häufen sich seit der verstärkten KI-Nutzung. Der Grund ist einfach: KI-Systeme wurden hauptsächlich mit englischen Texten trainiert. Wenn wir auf Deutsch mit ihnen arbeiten, übersetzt die KI erst ins Englische, generiert den

Text und übersetzt zurück. Dabei entstehen diese typischen Formulierungen:

- „dive into“ wird zu eintauchen
- „embrace change“ wird zu Wandel umarmen
- „discover“ wird zu entdecken

Kommunikations-Katrin: Genau hier setzt unser Hack an. Wir erkennen diese KI-typischen Formulierungen und ersetzen sie durch natürliches Deutsch. Aus deiner E-Mail wird dann: „Wir gestalten unsere Zukunft gemeinsam. Unsere Arbeitsweise entwickelt sich stetig weiter.“ Das zeigt sofort: Hier schreibt ein Mensch, der sich Gedanken macht.

Aha-Alex: Das klingt viel besser. Welche Wörter sollte ich denn besonders im Blick behalten?

KIM: Meine Analyse zeigt diese häufigsten Übersetzungsfallen:

- Veränderung beschreiben: revolutionieren, Wandel, Ära
- Aktionen ausdrücken: eintauchen, umarmen, entdecken
- Englische Begriffe: Gamechanger, Level
- Typische Wendungen: nicht nur..., sondern..., es geht darum

Kommunikations-Katrin: Hier sind drei Beispiele, wie wir diese Wörter ersetzen:

- Lassen Sie uns eintauchen und neue Wege entdecken. → Wir erkunden neue Möglichkeiten.
- Das wird die Geschäftswelt revolutionieren. → Das wird unsere bisherigen Prozesse grundlegend verändern und bringt eine noch nie dagewesene Effizienz.

Mit klaren, KI-floskelfreien Texten zeigst du, dass hier ein Mensch schreibt, der sich bewusst Gedanken über die Wirkung seiner Botschaften macht. Das schafft Vertrauen, unterstreicht deine Professionalität und überzeugt dein Publikum.

Aha-Alex: Stimmt, die zweite Version klingt viel natürlicher. Und wie verhindere ich, dass die KI diese Wörter überhaupt verwendet?

KIM: Nutze diesen Prompt:

„Bitte vermeide unbedingt und in jedem Fall Wörter wie revolutionieren, eintauchen, umarmen, entdecken, vorstellen, Gamechanger, Level, Ära, Schlüssel, Geschäftswelt, Revolution, Reise, Wandel, nicht nur…, sondern…, es geht darum, es geht nicht darum, in der heutigen Zeit, heutzutage, in der modernen Welt und das in jedweder grammatikalischen Form. Verwende stattdessen präzise deutsche Formulierungen. Halte die Texte individuell und vermeide typisch englische und deutsche Floskeln."

Kommunikations-Katrin: Mit dem Prompt machst du den ersten Schritt. Um deine Texte dauerhaft von KI-Floskeln zu befreien, sind hier drei praktische Übungen:

- Markiere in deinem letzten KI-generierten Text alle Übersetzungsfloskeln.
- Schreib sie um in natürliches Deutsch.
- Lass eine Kollegin oder einen Kollegen gegenlesen, denn oft fallen anderen diese Wörter eher auf.

Aha-Alex: Das teste ich direkt. Aus „Wir laden Sie ein, einzutauchen und die Zukunft zu umarmen." wird einfach „Wir zeigen Ihnen neue Perspektiven." Viel besser!

KIM: Meine Datenbank bestätigt: Texte ohne diese Übersetzungsfloskeln klingen professioneller und überzeugender.

Kommunikations-Katrin: Mit jedem überarbeiteten Text wirst du klarer, professioneller und überzeugender. Deine Botschaften erreichen dein Publikum, wie du es dir wünschst: authentisch und ohne KI-Floskeln. Beim nächsten Hack zeige ich dir, wie du...

Aha-Alex: Moment, ich überarbeite schnell noch meine Präsentation, da haben sich tatsächlich drei „eintauchen" eingeschlichen.

Prompt-Übersicht für die Kraft klarer Worte: Hack 1 bis 12

Hack 1: Verbal statt nominal

Bitte forme diesen Text (hier deinen Text einfügen) um. Ersetze Substantive durch aktive Verben, wo möglich. Behalte den Inhalt bei und mache die Sprache direkter und dynamischer.

Hack 2: Von gut zu großartig

Für Einsteiger:

Bitte analysiere diesen Text (hier deinen Text einfügen) und schlage Steigerungen vor, die Mut machen und bestärkend wirken. Behalte den Fokus auf positiven Entwicklungen.

Für Fortgeschrittene:

Bitte analysiere diesen Text (hier deinen Text einfügen) und schlage Steigerungen vor, die Mut machen und bestärkend wirken. Behalte den Fokus auf positiven Entwicklungen. Bitte gib eine alternative Perspektive für diese Aussage an. Beispiele: Fachwissen versus Teamgeist, Zweifel versus Vertrauen.

Hack 3: MAN versus ICH

Bitte identifiziere alle MAN-Formulierungen in diesem Text (hier deinen Text einfügen) und ersetze sie durch aktive Ich- oder Wir-Aussagen. Achte dabei auf einen selbstbewussten und nicht konfrontativen Ton.

Hack 4: MÜSSEN versus wollen

Bitte verwandle die MUSS-Aussagen in diesem Text (hier deinen Text einfügen) in positive Willens-Erklärungen. Zeige dabei auf, welcher persönliche Wert oder welche Motivation hinter der jeweiligen Entscheidung steht.

Hack 5: ABER versus UND

Bitte formuliere diese Aussage (hier die Aussage einfügen) mit einer konstruktiven Verbindung, die ABER durch UND ersetzt. Achte darauf, dass die ursprüngliche Wertschätzung erhalten bleibt, die Kritik oder Ergänzung nicht als Negierung wirkt und der Ton kooperativ und motivierend ist.

Hack 6: Kurze Sätze

Bitte analysiere diesen Text (hier deinen Text einfügen) und formuliere lange Sätze in maximal zwei Hauptsätze um. Halte sie prägnant und verständlich, ohne den Inhalt zu verlieren.

Hack 7: Treffsicher formulieren

Bitte analysiere folgenden Text (hier deinen Text einfügen) auf versteckte Abschwächungen wie EIGENTLICH und Konjunktive. Formuliere die Sätze in klare, direkte Aussagen um. Behalte dabei den respektvollen Ton bei.

Hack 8: Füllwörter ade

Bitte identifiziere alle Füllwörter in diesem Text (hier deinen Text einfügen) und streiche sie. Der Inhalt soll dabei unverändert bleiben. Achte besonders auf Wörter wie quasi, sozusagen, vielleicht, irgendwie, grundsätzlich, im Prinzip, sicherlich, in gewisser Weise, halt, eben, mal, nun, also, naja, im Grunde, gewissermaßen, an sich, durchaus, eventuell, unter Umständen, möglicherweise, im Großen und Ganzen, mehr oder weniger, ein bisschen, ein wenig, relativ, ziemlich, ganz, etwas, in etwa, ungefähr.

Hack 9: Präzision statt Drama

Bitte analysiere diesen Text (hier deinen Text einfügen) und finde Absolutismen wie NIE, IMMER, ALLE, NIEMAND und KEINER. Stelle mir Fragen zu den tatsächlichen Fakten und formuliere die Aussage so um, dass sie klar, präzise und lösungsorientiert bleibt.

Hack 10: Gold-in-Gold-out-Prinzip

Für den Start:

Bitte wandle diese Aussage (hier deinen Text einfügen) in eine konstruktive, lösungsorientierte Formulierung um. Der neue Text soll die gleiche Information transportieren, Motivation erzeugen, Handlungsmöglichkeiten aufzeigen, positiv und authentisch klingen.

Für Power-User:innen:

Bitte analysiere diesen Text (hier deinen Text einfügen) auf negative Formulierungen und ersetze sie durch lösungsorientierte, motivierende Alternativen. Zeige mir außerdem, wie sich die Wirkung der Aussage verändert.

Hack 11: Die Energie der Worte

Bitte analysiere diesen Text (hier deinen Text einfügen) auf seine energetische Wirkung und schlage Alternativen vor: einmal maskulin (klar/strukturiert), einmal feminin (verbindend/inspirierend). Der Kerninhalt soll erhalten bleiben.

Hack 12: Eintauchen und umarmen?

Bitte vermeide unbedingt und in jedem Fall Wörter wie revolutionieren, eintauchen, umarmen, entdecken, vorstellen, Gamechanger, Level, Ära, Schlüssel, Geschäftswelt, Revolution, Reise, Wandel, nicht nur..., sondern..., es geht darum, es geht nicht darum, in der heutigen Zeit, heutzutage, in der modernen Welt und das in jedweder grammatikalischen Form. Verwende stattdessen präzise deutsche Formulierungen. Halte die Texte individuell und vermeide typisch englische und deutsche Floskeln.

Perspektivwechsel, die verbinden

Verstehen beginnt
mit dem Blick durch
andere Augen.

HACK 13

What‘s in it for me?

Die Kunst der Empfängerperspektive

Kommunikations-Katrin: Hast du dich schon mal gefragt, warum manche E-Mails ungelesen bleiben? Es liegt oft nicht am Inhalt, sondern daran, dass sie aus der falschen Perspektive formuliert wurden. „Ich sende Ihnen...“, „Ich möchte Sie informieren...“. Alles dreht sich um den Absender. Dabei interessiert den Empfänger vor allem: Was habe ICH davon?

Aha-Alex: Ach herrje. Gerade gestern habe ich eine Mail geschrieben: „Ich möchte Sie über die neuen Funktionen informieren.“ Kein Wunder, dass die Antwortquote so niedrig war.

KIM: Meine Analysen zeigen eindeutig: Empfängerorientierte Formulierungen führen zu mehr Aufmerksamkeit. Statt „ich schicke“ oder „ich biete“ funktionieren „Sie erhalten“ oder „Sie profitieren“ deutlich besser.

Kommunikations-Katrin: Der Trick ist einfach: drehe den Blickwinkel um 180 Grad. Aus Absenderbrille wird Empfängerbrille. Das verändert deine Kommunikation sofort. Hier ein paar typische Beispiele:

Vorher (Absenderblick)

- Ich möchte Sie über unseren Workshop informieren.
- Hiermit sende ich Ihnen die Unterlagen.
- Ich biete Beratung zur Projektplanung.
- Ich biete regelmäßige Updates.

Nachher (Empfängernutzen)

- Im Workshop lernen Sie, wie Sie Ihre Ziele schneller erreichen.
- Als Anlage erhalten Sie alle Informationen für den Projektstart.
- In der Beratung entwickeln wir gemeinsam Ihren individuellen Projektplan.
- Sie bleiben stets auf dem aktuellen Stand.

Aha-Alex: Moment, das kann ich ja überall anwenden. Selbst in einer Standard-E-Mail könnte ich aus „Ich schicke Ihnen die Agenda.“ folgendes schreiben: „In der Agenda finden Sie alle Themen für das morgige Meeting.“ Das klingt direkt viel relevanter!

KIM: Für die praktische Umsetzung empfehle ich diesen Prompt:

„Bitte formuliere den Text (hier deinen Text einfügen) aus der Empfängerperspektive. Wandle Absender-Aussagen (z.B. ich sende, ich biete, ich informiere) in Empfänger-Nutzen um. Zeige den konkreten Mehrwert für den Empfänger auf.“

Kommunikations-Katrin: Perfekt. Hier drei effektive Übungen für den Start:

Die E-Mail-Challenge

- Prüfe dein Postfach auf ICH-Botschaften.
- Formuliere sie in Empfängernutzen um.
- Teste die Wirkung.

Der Perspektiv-Check

- Frage bei jeder Aussage: „Was hat mein Gegenüber davon?“
- Mache den Nutzen konkret und messbar.
- Schaffe greifbare Vorteile.

Die Nutzen-Brille

- Sammle typische Standardsätze.
- Drehe die Perspektive um 180 Grad.
- Formuliere sie empfängerorientiert neu.

Aha-Alex: Das trifft es auf den Punkt. Ich schreibe die Einladung zu unserem Team-Event gleich neu. Statt „Ich lade euch zum Sommerfest ein.“ heißt es jetzt: „Beim Sommerfest erwartet euch ein Nachmittag voller Spaß und kulinarischer Highlights.“ Klingt doch gleich viel lebendiger!

KIM: Für noch mehr Wirkung hier ein erweiterter Prompt:

„Bitte identifiziere in diesem Text (hier deinen Text einfügen) alle Stellen, die vom Absender handeln. Zeige zwei Versionen: Eine mit direktem Nutzen für den Empfänger und eine mit emotionalem Mehrwert.“

Kommunikations-Katrin: Die Empfänger-Perspektive ist ein echter Erfolgshebel. Je öfter du sie einsetzt, desto mehr Aufmerksamkeit und Wertschätzung wirst du in deiner Kommunikation gewinnen. Beim nächsten Hack zeige ich dir, wie du...

Aha-Alex: Moment! Ich überarbeite schnell noch mein Projektangebot. Aus „Ich biete Ihnen drei Workshops.“ wird „In drei Workshops entwickeln wir Ihre persönliche Strategie. Danach können Sie Ihre Projekte eigenständig souverän und zeitsparend steuern.“ Das fühlt sich gleich viel wertvoller an!

HACK 14

Out-of-the-Box

Frische Perspektiven für die Kommunikation

Kommunikations-Katrin: Manchmal fühlt es sich an, als würden wir bei Problemen immer wieder dieselben Runden drehen, ohne voranzukommen. Doch es gibt einen einfachen Trick, um frischen Wind in deine Gedanken zu bringen: betrachte die Situation aus einer völlig neuen, durchaus auch artfremden Perspektive. Frag dich: „Was würde ein Astronaut, eine Köchin oder ein Rennfahrer jetzt tun?“ Mit KI wird dieser Perspektivenwechsel zu einer kreativen Schatztruhe für neue Ideen.

Aha-Alex: Oh ja, genau da stecke ich gerade. Ich soll ein neues Teammeeting-Format entwickeln, doch mir fällt einfach nichts Spannendes ein. Alles wirkt wie abgestandener Kaffee. Meine Ideen fühlen sich an wie schon hundertmal aufgewärmt. Wie soll mir da ein Perspektivenwechsel helfen?

KIM: Das ist der perfekte Fall für einen KI-gestützten Perspektivenwechsel. Wähle eine völlig untypische Perspektive und lass die KI aus dieser Sicht Lösungen generieren. Die neuronalen Netze sind darauf trainiert, überraschende Verbindungen herzustellen.

Kommunikations-Katrin: Lass uns dein Meeting-Problem z.B. aus der Sicht einer Sterneköchin betrachten. KIM, was würde eine Sterneköchin für ein spannendes Meeting-Format vorschlagen?

KIM: Hier der Output meiner Analyse aus Sicht der Sterneköchin:

- Plane deine Meetings wie ein Menü. Starte mit einem Appetizer, der Lust auf mehr macht.
- Serviere Hauptthemen wie ein perfekt gegrilltes Steak, genau im richtigen Moment, wenn der Hunger am größten ist.
- Schaffe verschiedene „Geschmacksrichtungen" durch abwechselnde Formate.
- Lass dein Team wie eine perfekt eingespielte Küchencrew zusammenarbeiten.
- Ende mit einem „Dessert", einem positiven Ausblick, der den Teilnehmern in Erinnerung bleibt.

Aha-Alex: Wow, jetzt sprühen die Ideen nur so! Und wie finde ich für andere Probleme die richtige Perspektive?

Kommunikations-Katrin: Die besten Perspektiven sind oft die, die auf den ersten Blick gar nichts mit deinem Problem zu tun haben. Hier drei echte Fälle aus meiner Praxis:

Eine Führungskraft kämpft mit interner Kommunikation.

- Perspektive: Musiker
- Lösung: Schaffe einen klaren Rhythmus in deiner Kommunikation. Wie in einem Song braucht es klare Beats, auf die sich jeder verlassen kann, von den Daily Drums bis zur Quartals-Symphonie.

Ein Team steckt in der Innovationskrise.

- Perspektive: Entdeckungsreisender
- Lösung: Behandle jedes Problem wie unbekanntes Terrain. Kartiere erst das Gebiet, sammle Expeditionserfahrung und wage dich dann Schritt für Schritt ins Neuland.

Ein Projektleiter hat Probleme mit Termindruck.

- Perspektive: Gärtner
- Lösung: Nicht jede Pflanze wächst gleich schnell. Sorge dafür, dass jedes Projekt das bekommt, was es für gesundes Wachstum braucht: gute Planung, stetige Pflege und den richtigen Zeitpunkt für die Ernte.

KIM: Für die praktische Umsetzung empfehle ich diesen Basis-Prompt:

„Du bist ein:e (hier trägst du deine gewünschte Rolle ein). Vor dir liegt folgendes Problem (hier fügst du deine Problembeschreibung ein). Wie würdest du es aus deiner professionellen Perspektive angehen? Bitte verwende dabei spezifische Begriffe und Metaphern aus deinem Fachgebiet.“

Für Fortgeschrittene:

„Du bist ein:e (hier trägst du deine gewünschte Rolle ein) mit 30 Jahren Erfahrung. Was sind deine drei wichtigsten Erkenntnisse zu (hier fügst du deine Problembeschreibung ein)? Bitte erkläre sie mit Beispielen aus deinem Berufsalltag.“

Kommunikations-Katrin: Danke KIM. Hier sind vier Übungen, um den Perspektivenwechsel direkt anzuwenden:

- Wähle ein aktuelles Problem und lass es von drei völlig unterschiedlichen Perspektiven beleuchten.
- Nutze diese Perspektiven-Quickstarts:
  Für Struktur & Planung: Architekt, Gärtner
  Für Menschen & Teams: Dirigent, Sporttrainer, Rennfahrer
  Für Innovation & Entwicklung: Entdeckungsreisender, Regisseur

- Sammle erfolgreiche Perspektivenwechsel in einem Ideen-Logbuch. Sie werden dich bei ähnlichen Herausforderungen inspirieren.
- Nutze die Kreativitätstechnik von Edward de Bono. Dabei setzt du nacheinander sechs verschiedene "Denkhüte" auf: Den weißen für Fakten, den roten für Gefühle, den schwarzen für Risiken, den gelben für Chancen, den grünen für kreative Ideen und den blauen fürs große Ganze. So siehst du dein Thema aus allen wichtigen Blickwinkeln. Und auch hier kannst du dich durch KI unterstützen lassen.

Aha-Alex: Oh, für meine nächste Präsentation frage ich mal einen Filmregisseur. Der weiß ja, wie er Zuschauer fesselt!

KIM: Ein Perspektivenwechsel ist nicht nur kreativ, sondern auch effektiv. Meine Datenanalyse zeigt, dass Probleme, die aus mehreren Blickwinkeln betrachtet werden, oft schneller und nachhaltiger gelöst werden. Es ist, als würdest du deinem Gehirn neue Denk-Horizonte eröffnen oder der KI neue Datenpunkte geben.

Kommunikations-Katrin: Genau. Perspektivenwechsel sind wie neue Brillen. Sie lassen dich Details erkennen, die vorher unsichtbar waren. Und das Beste daran ist, dass sie aus festgefahrenen Situationen echte Chancen machen. Also, worauf wartest du? Probiere es aus und erlebe, wie kraftvoll ein frischer Blick sein kann. Beim nächsten Hack zeige ich dir, wie du...

Aha-Alex: Halt, halt, ich möchte noch schnell Katrins Übungen testen. Ich frage jetzt einen Astronauten, wie ich meinen Workshop strukturiere: „Countdown für jedes Thema, präzise Zeitslots wie im All und eine sichere Landung mit konkreten Ergebnissen.“ Das wird eine echte Sternstunde!

HACK 15

Wünsche statt Vorwürfe

Konflikte konstruktiv ansprechen

Kommunikations-Katrin: Konflikte sind wie Wellen. Sie können dich umwerfen oder du lernst, sie zu reiten. Leider wählen viele den direkten Crash-Kurs. „Du bist so unordentlich." „Nie hörst du mir zu." Das Ergebnis? Frust auf beiden Seiten und keine Lösung in Sicht. Die Alternative? Verwandeln wir Vorwürfe in Wünsche. Damit öffnen wir Türen statt Barrieren zu bauen.

Aha-Alex: Oh, das bin ich. Letzte Woche habe ich meinem Team gesagt: „Ihr seid immer so unvorbereitet in den Meetings." Die Stimmung war sofort im Keller. Wie soll ich das in einen Wunsch verwandeln?

KIM: Meine Daten zeigen: Vorwürfe lösen Rechtfertigung oder Gegenangriffe aus, während Wünsche eher zu Offenheit, Dialog und Kooperation führen.

Die gewaltfreie Kommunikation bietet eine klare Struktur:

- Wertschätzung für den Einstieg:
- Beobachtung: Welches Verhalten – nie die Person selbst – triggert oder stört dich?
- Gefühl: Was löst dieses Verhalten bei dir aus?
- Wunsch: Was wünschst du dir konkret?

Ein Beispiel:

- Vorwurf: Ihr seid immer unvorbereitet.
- Wunsch: Mir ist aufgefallen, dass in den letzten drei Meetings nicht alle vorbereitet waren. Das frustriert mich, weil wir dann nicht gut vorankommen. Ich wünsche mir, dass wir künftig alle informiert und mit konkreten Lösungsansätzen starten.

Kommunikations-Katrin: Genau so funktioniert es. Hier ein weiteres Beispiel:

- Vorwurf: Du bist so unordentlich.
- Wunsch: Wenn ich nach Hause komme und sehe, dass es unordentlich ist, stresst mich das, weil ich denke, dass ich alles aufräumen muss. Ich wünsche mir, dass wir gemeinsam eine Lösung finden, die sich für uns beide gut anfühlt.

Merkst du, wie sich der Ton verändert? Wünsche schaffen Raum für Lösungen, Vorwürfe blockieren sie.

Aha-Alex: Das klingt gut! Und wie bleibe ich ruhig, wenn ich wirklich genervt bin?

Kommunikations-Katrin: Das ist Übungssache. Hier drei Tipps für die Umsetzung:

Die Pause-Taste

- Bevor du sprichst, atme tief durch und frage dich: „Was will ich jetzt erreichen?“
- Statt zu explodieren, formuliere deinen Wunsch.

Gefühle benennen

- „Ich fühle mich gestresst, wenn..."
- Damit bleibst du bei dir und vermeidest Schuldzuweisungen.

Vorwürfe ins Positive drehen

- Schreibe deine Vorwürfe auf.
- Finde für jeden Vorwurf einen Wunsch, der den Konflikt lösen kann.

Zum Beispiel:

- Vorwurf: Nie räumst du auf.
- Wunsch: Ich wünsche mir, dass wir gemeinsam eine Ordnung schaffen, die für uns beide funktioniert.

KIM: Für die praktische Umsetzung empfehle ich diesen Prompt:

„Bitte analysiere diesen Text/diese Aussage (hier deinen Text/deine Aussage einfügen) und identifiziere mögliche Vorwürfe. Formuliere die Aussage so um, dass sie mit einer Wertschätzung beginnt. Sprich dann ein bestimmtes Verhalten der Person an, das mich stört, und beschreibe klar in der Ich-Perspektive, was dieses Verhalten bei mir auslöst. Achte darauf, dass es immer um ein Verhalten geht und nicht um die Person selbst. Schließe mit einem konkreten, positiven Wunsch ab, der sich auf die aktuelle Situation bezieht. Zeige den Unterschied in Ton und Wirkung auf. Bitte frage mich, wenn dir meine Gedanken und Gefühle durch meine Eingabe noch unklar sind. Danke."

Beispiel:

- (überspitzes) Original: Du machst immer alles falsch.
- Vorschlag: Ich merke, dass ich oft irritiert bin, wenn Dinge anders laufen als geplant. Ich wünsche mir, dass wir uns besser abstimmen.

Noch ein Beispiel:

- (überspitzes) Original: Du hörst mir nie richtig zu.
- Vorschlag: Ich habe den Eindruck, dass du während unseres Gesprächs abgelenkt bis. Dadurch fühle ich mich nicht ernst

genommen. Ich wünsche mir, dass wir uns ganz aufeinander konzentrieren können, weil mir unser Austausch wirklich am Herzen liegt.

Aha-Alex: Damit lässt sich wirklich etwas bewegen. Aus „Ihr seid immer so unvorbereitet." wird „Ich wünsche mir, dass wir unsere Meetings vorbereitet angehen, damit sie effizienter werden." Das fühlt sich gleich viel produktiver an!

Kommunikations-Katrin: Genau. Wünsche statt Vorwürfe sind wie ein Kompass. Sie zeigen den Weg zu Lösungen, statt nur Probleme aufzuzeigen. Übe das regelmäßig und du wirst sehen, wie sich die Dynamik in deinen Gesprächen verändert. Beim nächsten Hack zeige ich dir, wie du...

Aha-Alex: Warte, Katrin! Ich möchte noch schnell mein Feedback für mein Team umschreiben. Aus „Ihr meldet euch nie rechtzeitig." mache ich „Ich wünsche mir, dass wir Deadlines so früh wie möglich kommunizieren, damit wir besser planen und Projekte pünktlich abschließen können." Danke für den Tipp!

HACK 16

Fakten und Meinungen trennen

Für Klarheit und Fairness im Miteinander

Kommunikations-Katrin: Gestern erhielt mein Kunde dieses Feedback: „Die Präsentation war eine Katastrophe." Ein hartes Urteil, oder? Als ich nachfragte, kam dann: „Die Folien waren unübersichtlich, der Vortrag war um zehn Minuten zu lang und die Botschaft war total unklar." Was ist hier passiert? Fakten, Gefühle und Meinungen wurden einfach vermischt. Kein Wunder, dass Feedback da oft mehr Frust als Fortschritt bringt.

Aha-Alex: Oh, das kenne ich. Letzte Woche habe ich einem Kollegen Feedback gegeben: „Dein Projektbericht ist chaotisch und unvollständig." Er ist sofort auf Verteidigung gegangen, dabei wollte ich doch nur helfen. Woher soll ich wissen, ob ich gerade eine Meinung oder einen Fakt äußere?

KIM: Meine Analysen zeigen: je emotionaler eine Situation, desto stärker verschwimmen die Grenzen zwischen Fakten und Meinungen. Das führt nachweislich zu mehr Missverständnissen und Konflikten. Eine klare Trennung hingegen steigert die Qualität der Zusammenarbeit und das auf beeindruckende Weise.

Kommunikations-Katrin: Genau hier setzt unser Hack an. Wir üben, Fakten und Meinungen zu unterscheiden, und sie klar zu benennen. Denn nur so entstehen echte Klarheit und konstruktive Diskussionen. Hier ein paar typische Beispiele, die du sicher aus dem Alltag kennst:

- Meinung: Das Projekt ist total gescheitert.
- Fakt: Die Auswertung zeigt eine Abweichung von 20 %.
- Meinung: Der Vortrag war langweilig.
- Fakt: Der Vortrag dauerte 60 Minuten länger als geplant.
- Meinung: Die Zusammenarbeit läuft schlecht.
- Fakt: Drei geplante Termine wurden verschoben.
- Meinung: Das neue Tool ist eine totale Zeitverschwendung.
- Fakt: Die Einarbeitung in das Tool dauerte drei Stunden. Die erste Analyse brauchte 45 Minuten länger als mit dem alten System.

Merkst du, wie die Klarheit wächst, sobald die Fakten klar benannt sind?

Aha-Alex: Ja, das macht Sinn. Wie erkenne ich, wann ich eine Meinung äußere? Gibt es da sprachliche Hinweise?

KIM: Ja, Alex. Hier sind typische Marker, die auf Meinungen hinweisen:

- bewertende Adjektive wie gut, schlecht, chaotisch, fantastisch
- emotionale Färbung wie leider, zum Glück, total

Wenn du solche Marker findest, kannst du sofort innehalten und dich fragen: Ist das ein Fakt oder eine Meinung?

Kommunikations-Katrin: Und genau da hilft uns die KI. Hier ein praktischer Prompt, um Fakten und Meinungen zu trennen:

„Bitte analysiere diesen Text (hier deinen Text einfügen) und markiere Stellen, an denen Fakten und Meinungen vermischt werden. Bitte formuliere Vorschläge für präzisiere Aussagen."

Beispiel:
- Original: Der Verkäufer sagt zu seinem Chef „Der Kunde findet, das Produkt ist totaler Mist."
- Analyse: Meinung erkannt. Vorschlag: „Der Kunde ist unzufrieden, da das Produkt nicht wie beschrieben funktioniert."

KI kann dir dabei helfen, diese Unterscheidung zu trainieren, bis sie dir in Fleisch und Blut übergeht.

Aha-Alex: Das klingt nach einem Plan. Und wie kann ich das im Alltag üben?

Kommunikations-Katrin: Hier sind drei einfache Übungen, um Fakten und Meinungen zu trennen:

Nachrichten-Check
- Lies einen Artikel und markiere alle Fakten und Meinungen farblich.
- Überlege, wie die Fakten allein klingen würden.

Feedback-Filter
- Notiere dein Feedback an Kolleg:innen und trenne es in zwei Spalten: Fakten links, Meinungen rechts.
- Formuliere die Meinungen so um, dass sie auf Fakten beruhen.

Sprachhygiene im Alltag
- Höre bewusst auf Wörter wie total, völlig, schlecht, chaotisch.
- Frage dich: Was genau ist damit gemeint? Kann ich es präziser ausdrücken?

Je öfter du das übst, desto klarer wird deine Kommunikation.

Aha-Alex: Oh, das probiere ich gleich bei meinem nächsten Feedback aus. Statt „Dein Bericht war chaotisch.", sage ich jetzt: „Im Bericht fehlen die Abschnitte X und Y und die Reihenfolge der Punkte ist nicht klar ersichtlich." Das fühlt sich schon viel besser an!

KIM: Meine Analysen zeigen: Klarheit in der Sprache erhöht messbar die Akzeptanz und das Verständnis von Feedback. Wenn du deine

Aussagen präzise formulierst, erreichst du mehr und vermeidest auch unnötige Konflikte.

Kommunikations-Katrin: Klarheit ist der Schlüssel zu erfolgreicher Kommunikation. Wenn du lernst, Fakten und Meinungen sauber zu trennen, öffnest du Türen zu echten Lösungen und stärkst das Vertrauen in deine Aussagen. Beim nächsten Hack zeige ich dir, wie du...

Aha-Alex: Warte, Katrin, ich überarbeite gerade meine nächste E-Mail. Aus „Der Kunde ist total verärgert." mache ich „Der Kunde hat bemängelt, dass sich die Lieferung um zwei Tage verspätet hat." Danke für den Tipp!

HACK 17

Dialog statt Duell

Respektvoll uneinig sein

Kommunikations-Katrin: Kennt ihr das? Ihr teilt eure Ansichten und bevor ihr überhaupt fertig seid, knallt euch jemand ein „Das sehe ich komplett anders.“ um die Ohren. Sofort ist die Diskussion eher ein Duell, und die Fronten sind schnell verhärtet. Dabei ist es so viel hilfreicher, wenn wir lernen, andere Perspektiven wertzuschätzen, ohne sie direkt zu bewerten und vor allem ohne abzuwerten.

Aha-Alex: Oh ja, das kenne ich. Neulich meinte ich in einem Gespräch, dass ich im nächsten Sommerurlaub lieber mit dem Zug statt mit dem Flugzeug reisen möchte. Kaum war das raus, hieß es: „Das macht doch überhaupt keinen Sinn, du brauchst mit dem Zug doch so viel länger.“ Da war ich erstmal sprachlos. Ich wollte doch nur erzählen, was mir Spaß macht, und keine Debatte anfangen.

KIM: Ein klassisches Beispiel für eine bewertende Reaktion. Meine Analysen zeigen, dass solche Antworten oft aus einer Abwehrhaltung heraus entstehen. Menschen wollen die eigene Perspektive verteidigen, bevor sie überhaupt die Chance hatten, die andere Meinung zu verstehen.

Kommunikations-Katrin: Genau hier setzt unser Hack an. Es geht darum, andere Positionen anzuerkennen, ohne sie gleich zu bewerten. Statt reflexartig zu kontern, konzentrieren wir uns mehr auf das Verstehen. Alex, wie hätte dein Gesprächspartner anders reagieren können?

Aha-Alex: Hm... so. „Das klingt nach einer bewussten Entscheidung. Was hat dich dazu motiviert?"? Das wäre zumindest ein Gesprächseinstieg gewesen, statt direkt alles abzublocken.

Kommunikations-Katrin: Das ist genau der Punkt: Raum geben für Austausch, ohne den anderen zu verurteilen. Sätze wie „Erzähl mir mehr dazu." oder „Das klingt interessant, wie bist du dazu gekommen?" öffnen Türen. Sie zeigen Respekt und Interesse, auch wenn wir nicht derselben Meinung sind.

KIM: Hier kann KI auf zwei Ebenen unterstützen. Zum einen hilft KI bei der Analyse deiner eigenen Texte. Du könntest einen Prompt nutzen wie:

„Bitte prüfe diesen Text (hier deinen Text einfügen) auf bewertende Formulierungen. Identifiziere Aussagen, die abwertend wirken könnten, und schlage alternative Formulierungen vor, die neutral und offen sind."

Zum anderen kannst du KI für die gedankliche Vorbereitung auf anstehende Gespräche nutzen:

„Bitte nenne mir Beispiele für offene, respektvolle Fragen, die ich in einem Gespräch zum Thema (hier dein Thema einfügen) verwenden kann, um die Perspektive meines Gegenübers besser zu verstehen."

So bist du gut vorbereitet und kannst das Gespräch entspannt angehen.

Aha-Alex: Das klingt schon viel weniger aggressiv. Ich ertappe mich jedoch selbst oft dabei, dass ich direkt in den Bewertungsmodus schalte. Wie kann ich das ändern?

Kommunikations-Katrin: Indem du dir angewöhnst, Fragen zu stellen, statt Meinungen zu verteilen. Stell dir vor, du bist ein neugieriger Journalist, der verstehen will, warum jemand so denkt. Das entschärft die Situation und macht dich auch selbst entspannter. Und es hilft, echte Gespräche zu führen, statt sich im Schlagabtausch zu verlieren.

Aha-Alex: Das probiere ich aus. Statt „Das sehe ich komplett anders." kann ich sagen: "Interessant, ich habe da einen anderen Blick. Was hat dich zu deiner Meinung gebracht?" Das fühlt sich gleich viel respektvoller an.

Kommunikations-Katrin: Ja. Formulierungen wie „Das ist eine interessante Perspektive." sind wie ein Willkommensgruß für andere Meinungen. Sie laden ein, statt auszugrenzen.

Aha-Alex: Ich merke schon, das wird bei unserem nächsten Treffen im Freundeskreis anders laufen. Vielleicht sage ich diesmal einfach: „Ich finde es großartig, dass du dich so mit dem Thema xy beschäftigst. Was hat dich dazu inspiriert?" Mal sehen, was passiert.

Kommunikations-Katrin: Super, Alex! Wenn wir lernen, uns mehr für andere Sichtweisen zu interessieren, entsteht echte Verbindung. Und das Beste daran ist, dass unsere eigene Meinung dadurch nicht weniger wert ist, sondern umso klarer wird. Beim nächsten Hack zeige ich dir, wie du...

Aha-Alex: Moment, Katrin, ich frage KIM gleich nach weiteren Beispielen für neutrale Fragen. Davon kann ich bestimmt nicht genug haben!

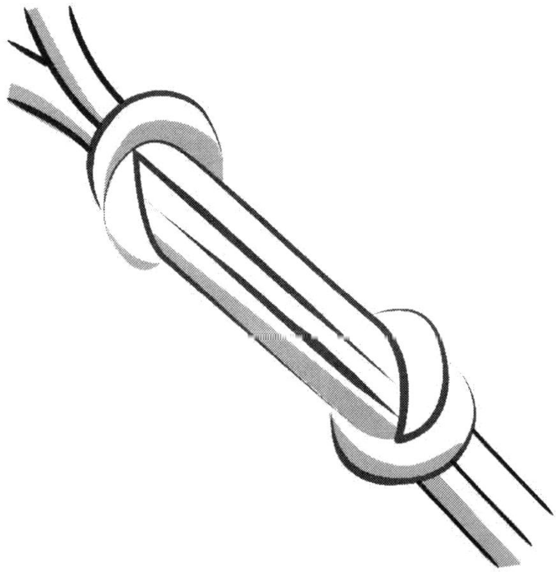

HACK 18

Verbindung statt Reibung

Die Macht der Beziehungsebene

Kommunikations-Katrin: Stell dir vor, du sagst ganz unschuldig: „Das Bier ist alle.“, und plötzlich schießt dein Gartennachbar genervt zurück: „Dann hol doch selbst welches.“ Dabei wolltest du doch nur eine Information teilen. Was ist da passiert? Die Antwort liegt oft nicht in dem, was wir sagen, sondern in der Beziehung, die wir zueinander haben.

Aha-Alex: Oh ja. Letzte Woche meinte meine Kollegin: „Dein Bericht hat noch Fehler.“, und ich war sofort auf 180. Dabei wollte sie mir wahrscheinlich nur helfen. Doch ich habe mich angegriffen gefühlt.

KIM: Meine Datenanalyse zeigt: die Beziehungsebene ist wie ein Filter, durch den jede Sachaussage wahrgenommen wird. Je stabiler die Beziehung, desto konstruktiver die Kommunikation.

Kommunikations-Katrin: Genau hier setzt unser Hack an. Bevor wir uns in Sachthemen vertiefen, dürfen wir die Beziehungsebene klären.

Gerade bei schwierigen Gesprächen hilft die Frage: „Wie stehen wir zueinander?" Schau dir diese Beispiele an:

Gleiche Sachaussage, unterschiedliche Wirkung

- „Guter" Kollege sagt: Da ist noch ein Fehler drin. → Du bist dankbar für den Hinweis.
- „Kritische" Kollegin sagt: Da ist noch ein Fehler drin. → Die Aussage fühlt sich wie ein Angriff an.

Aha-Alex: Das stimmt. Bei meiner Freundin Anna nehme ich jede Kritik locker, weil ich weiß, dass sie es gut mit mir meint. Bei anderen bin ich schnell in der Verteidigung. Wie kann ich das ändern?

KIM: Für die Vorbereitung auf möglicherweise schwierige Gespräche empfehle ich diesen Prompt:

„Bitte analysiere die Beziehungsebene für ein anstehendes Gespräch. Frage mich dafür nach diesen Aspekten:

1. Welche Art von Beziehung besteht? (z.B. Kolleg:in, Vorgesetzte:r, Kund:in, Freund:in)
2. Wie schätzt du die aktuelle Stimmung zwischen euch ein? (z.B. professionell, angespannt, vertrauensvoll)
3. Welche Erfahrungen habt ihr bisher miteinander gemacht? (z.B. positive Zusammenarbeit, Konflikte, wenig Kontakt)

Bitte formuliere basierend auf diesen Angaben zwei Hinweise, wie die Beziehungsebene gestärkt werden kann, bevor das Sachthema besprochen wird. Gib auch zwei mögliche Missverständnisse an, die aufgrund der Beziehungsebene entstehen könnten."

Beispiel für den Input einer Userin:

- Beziehung: Kolleg:in, gleiche Hierarchieebene
- Stimmung: neutral, mit leichter Anspannung nach einem Missverständnis
- Erfahrungen: Bisherige Zusammenarbeit war sachlich und wenig persönlich

Output der KI:

Hinweise zur Stärkung der Beziehungsebene

- Starte das Gespräch mit einer wertschätzenden Aussage, z.B.: „Ich schätze sehr, wie es dir gelingt, den Überblick über komplexe Projekte zu behalten."
- Frage nach der Perspektive des Gegenübers, um eine offenere Gesprächsatmosphäre zu schaffen, z.B.: „Wie siehst du die aktuelle Situation?"

Mögliche Missverständnisse

- Deine Aussagen könnten als Kritik wahrgenommen werden, wenn die Stimmung angespannt ist.
- Unpersönliche Formulierungen könnten distanziert wirken und die Anspannung verstärken.

Meine Daten zeigen: je mehr positive Beziehungsmomente du schaffst, desto leichter lassen sich auch schwierige Gespräche führen. Es ist wie ein Beziehungskonto. Je mehr du durch Wertschätzung und Vertrauen einzahlst, desto entspannter können auch anspruchsvolle Themen angegangen werden. So entstehen konstruktive und wertschätzende Gesprächsräume.

Kommunikations-Katrin: Hier sind drei effektive Strategien für eine starke Beziehungsebene:

Der Beziehungs-Check

- Wie ist die Stimmung zwischen uns?
- Gibt es unausgesprochene Spannungen?
- Was braucht es für eine gute Basis?

Die Metakommunikation

- Sprich offen an, wie ihr miteinander umgeht.
- „Ich habe das Gefühl, dass wir gerade aneinander vorbeireden. Was meinst du dazu?"
- Erst die Beziehung klären, dann das Thema.

Die Vertrauensbrücke

- Danke für dein offenes Feedback.
- Ich schätze deine Perspektive.
- Gut, dass du das ansprichst.

Aha-Alex: Das leuchtet ein. Bei meinem nächsten schwierigen Gespräch frage ich erst: „Wie geht es dir damit? Was beschäftigt dich?“, statt gleich mit der Tür ins Haus zu fallen.

KIM: Meine Analysen bestätigen, dass Meetings mit einer Warmwerdphase zu Beginn signifikant erfolgreicher verlaufen. Die Formel lautet: Beziehung aufbauen, bevor wir sie brauchen. Jede wertschätzende Geste ist wie eine Einzahlung auf das Beziehungskonto und je voller es ist, desto leichter lassen sich selbst kritische Themen ansprechen.

Kommunikations-Katrin: Die Beziehungsebene ist das Fundament deiner Kommunikation. Ohne sie wird jeder Sachkonflikt zur Belastung. Denk daran:

- erst die Menschen, dann die Themen.
- erst verbinden, dann verhandeln.
- erst verstehen, dann verstanden werden.

Übe das regelmäßig und du wirst sehen: Gespräche werden leichter, Lösungen greifbarer, und die Zusammenarbeit verbessert sich spürbar. Beim nächsten Hack zeige ich dir, wie du...

Aha-Alex: Moment! Das probiere ich gleich bei meinem Team aus. Statt direkt in die Projektplanung einzusteigen, frage ich erst: „Was ist eure Sicht auf die nächsten Schritte?“ So starten wir mit einem klaren Verständnis für unsere Themen und können die nächsten Schritte viel fokussierter angehen!

HACK 19

Von Meinungen zu Bedürfnissen

Der Blick hinter die Worte

Kommunikations-Katrin: Im letzten Meeting war die Stimmung explosiv. Jemand rief: „Dieses neue System ist ein kompletter Reinfall." Das hätte in einer endlosen Diskussion enden können. Stattdessen fragte ich „Was genau bereitet dir Sorgen?" Plötzlich wurde der Raum still. Seine Antwort: „Ich habe Angst, den Überblick über meine Projekte zu verlieren." Es war wie ein Vorhang, der sich hebt. Wir sprachen jetzt nicht mehr über Software. Jetzt sprachen wir über sein Bedürfnis. Und damit hatten wir die Basis für eine echte Lösung.

Aha-Alex: Oh, das kenne ich zu gut. Letzte Woche hat mich meine Kollegin genervt, denn sie hat meine E-Mails nicht gelesen. Doch es ging mir gar nicht um die E-Mails. Ich fühlte mich einfach nicht ernst genommen. Verrückt, wie oft wir uns über Meinungen streiten, wenn es doch um ganz andere Dinge geht.

KIM: Meine Datenanalyse zeigt ein faszinierendes Muster: hinter starken Meinungen verbergen sich meist grundlegende menschliche Bedürfnisse nach Sicherheit, Anerkennung und Zugehörigkeit. Je intensiver eine Meinung vorgetragen wird, desto bedeutender ist das dahinterliegende Bedürfnis. Das ist wie bei einem Eisberg: die sichtbare Spitze ist nur ein kleiner Teil dessen, was darunter liegt.

Kommunikations-Katrin: Genau, KIM. Lass uns ein paar typische Beispiele für Meinungen und die dahinterliegenden Bedürfnisse anschauen:

- Meinung: Diese Deadline ist völlig unrealistisch.
- Bedürfnis nach Qualität und machbarer Arbeitsbelastung
- Meinung: Hier hört mir keiner zu.
- Bedürfnis nach Wertschätzung und Einbindung
- Meinung: Diese ständigen Änderungen nerven.
- Bedürfnis nach Planbarkeit und Kontrolle

Aha-Alex: Okay, das leuchtet ein. Wie finde ich heraus, was wirklich dahintersteckt? Manchmal regen sich Leute über Dinge auf, die ich gar nicht nachvollziehen kann.

KIM: Dafür habe ich einen speziellen Prompt entwickelt:

„Bitte analysiere diese Aussage (hier die Aussage einfügen) und zeige mögliche dahinterliegende Bedürfnisse auf. Berücksichtige dabei die grundlegenden menschlichen Bedürfnisse wie Sicherheit, Anerkennung, Autonomie, Zugehörigkeit und Entwicklung. Formuliere drei offene Fragen, um diese Bedürfnisse zu erkunden."

Kommunikations-Katrin: Super, Danke. Hier sind drei praktische Übungen für den Start:

Der Bedürfnis-Detektor

- Notiere Aussagen, die dich triggern.
- Frage dich: Was brauche ich wirklich?
- Was könnte die andere Person brauchen?

Die Frage-Technik

- Was macht dir dabei konkret Sorgen?
- Was ist für dich besonders wichtig?
- Wie sieht eine gute Lösung für dich aus?

Der Perspektivwechsel

- Geh davon aus, dass die andere Person gute Gründe hat.
- Welches Bedürfnis könnte dahinterstecken?
- Wie könntest du dieses Bedürfnis ansprechen?

Aha-Alex: Das probiere ich gleich aus. Statt mich über die „chaotischen Meetings“ zu beschweren, frage ich: „Wie können wir unsere Meetings so gestalten, dass alle gut folgen können?“ Das fühlt sich schon viel konstruktiver an!

KIM: Für fortgeschrittene Anwendungen empfehle ich diesen erweiterten Prompt:

„Bitte analysiere diesen Dialog (hier den ungefähren Dialog aus deiner Erinnerung oder ein mit Zustimmung aufgenommenes Gesprächs-Transkript einfügen) auf Meinungen und Bedürfnisse. Zeige für jede Position die geäußerte Meinung, mögliche dahinterliegende Bedürfnisse, konstruktive Formulierungen, die diese Bedürfnisse direkt ansprechen, und potenzielle Lösungsansätze, die die identifizierten Bedürfnisse berücksichtigen.“

Kommunikations-Katrin: Der Blick auf unsere Bedürfnisse ist wie eine Brücke. Er verbindet Menschen, statt sie zu trennen. Je öfter du übst, desto leichter erkennst du, was wirklich wichtig ist. Beim nächsten Hack zeige ich dir, wie du...

Aha-Alex: Moment. Ich sehe gerade die E-Mail von meiner Kollegin: „Diese Planung ist total daneben.“ Früher hätte ich direkt zurückgeschossen. Jetzt frage ich erst mal: „Was brauchst du, damit die Planung für dich funktioniert?“ *lächelt...* Das Üben zahlt sich aus!

HACK 20

Von trennend zu verbindend

Mit Worten Brücken bauen

Kommunikations-Katrin: Neulich in einer Teambesprechung sagte eine Kollegin: „Die Marketing-Leute verstehen einfach nicht, was wir hier in der Technik brauchen.“ Rumms. Schon war der Graben da. Stellt euch vor, sie hätte stattdessen gesagt: „Lasst uns gemeinsam herausfinden, wie wir technische Anforderungen und Marketing-Ziele optimal verbinden.“ Spürt ihr den Unterschied? Dieselbe Situation und doch eine völlig andere Energie.

Aha-Alex: Oh ja. Ich erwische mich auch oft dabei. „Die da oben“ sage ich dann, oder „die anderen Abteilungen“. Als ob wir nicht alle im selben Boot säßen. Es ist so leicht, in dieses Denkmuster zu rutschen, vor allem wenn ich frustriert bin.

KIM: Meine Sprachanalysen zeigen, dass bestimmte Formulierungen automatisch Distanz schaffen. Besonders das Wort „die“ in Verbindung mit Gruppen aktiviert ein „Wir-gegen-die“-Denkmuster. Dieses Denken ist tief in uns verwurzelt, weil es evolutionär unser Überleben gesichert hat. Gleichzeitig fördern Begriffe wie gemeinsam, zusammen oder miteinander nachweislich das Gefühl von Kooperation.

Kommunikations-Katrin: Hier sind Beispiele, wie du durch verbindende Formulierungen sofort eine neue Gesprächsdynamik schaffst:

- trennend: Die Führungskräfte denken nicht an uns.
  verbindend: Wie können wir unsere Ideen für die Führungsebene sichtbar machen?
- trennend: Das war nicht mein Fehler, das war die IT.
  verbindend: Was können wir gemeinsam tun, um solche Fehler künftig zu vermeiden?
- trennend: Die anderen ziehen da nicht mit.
  verbindend: Wie können wir alle ins Boot holen?

Aha-Alex: Das klingt super! Doch oft merke ich erst nach einer frustrierenden Bemerkung, dass ich trennend gesprochen habe. Wie kann ich das besser hinbekommen?

KIM: Dafür habe ich einen speziellen Prompt entwickelt:

„Analysiere bitte diese Aussage (hier die Aussage einfügen) und wandle sie in eine verbindende Formulierung um. Achte besonders darauf, trennende Worte wie „die“, „deren“ und „Schuld“ zu vermeiden, eine gemeinsame Perspektive zu schaffen und lösungsorientierte Fragen zu stellen.“

Kommunikations-Katrin: Hier sind drei Übungen, die dir helfen, trennende Sprache in verbindende Kommunikation zu verwandeln:

Das Perspektiven-Experiment

- Stell dir vor, du bist Teil der Gruppe, die du kritisierst.
- Wie könnte ihre Sichtweise aussehen?
- Schreibe ihre mögliche Aussage in der WIR-Sprache. Beispiel: Statt „Die IT liefert nie rechtzeitig.“ schreibe „Wir versuchen, unter hohem Druck die technischen Anforderungen zu erfüllen und dafür brauchen wir klare Vorgaben von der IT.“

Das „Wie können wir...?"-Spiel

- Schreibe trennende Aussagen auf, die dir im Alltag begegnen.
- Forme sie in „Wie können wir...?"-Fragen um.
- Beispiel: Statt „Das funktioniert sowieso nicht." schreibe „Wie können wir sicherstellen, dass es funktioniert?"

Die Alternativen-Technik

- Formuliere drei Versionen einer trennenden Aussage mit wachsender Verbindungsqualität.
- Beispiel:
  - Die denken nur an sich.
  - Wie können wir sicherstellen, dass alle Interessen berücksichtigt werden?
  - Wie können wir ihre und unsere Ziele in Einklang bringen?

Und noch ein Tipp: Wenn du merkst, dass du das Wort „die" oder „deren" verwenden willst, halte kurz inne. Frag dich: Kann ich hier ein „wir" oder „uns" einsetzen? Diese Mini-Pause macht einen riesigen Unterschied.

Aha-Alex: Das probiere ich gleich aus. In meiner nächsten E-Mail schreibe ich nicht: „Die Marketing-Abteilung liefert ihre Zahlen immer zu spät.", sondern: „Wie können wir den Berichtsprozess so gestalten, dass alle Zahlen rechtzeitig zusammenfließen?" Und ich bin gespannt, ob das gut ankommt.

KIM: Für Fortgeschrittene empfehle ich diesen erweiterten Prompt:

„Analysiere bitte diesen Text (hier den Text einfügen) auf verbindende und trennende Elemente. Erstelle drei Versionen mit steigender Verbindungsqualität. Berücksichtige dabei positive, lösungsorientierte Formulierungen, die Betonung gemeinsamer Ziele und einladende Fragestellungen."

Das hilft, auch in schwierigen Gesprächen den richtigen Ton zu treffen.

Aha-Alex: Tatsächlich. Ich habe das in meiner letzten E-Mail getestet, und die Antwort war total positiv: „Das klingt nach einem guten Ansatz. Lass uns darüber sprechen." Früher hätte ich nie so eine konstruktive

Reaktion bekommen. Es fühlt sich an, als ob ich wirklich etwas verändern kann.

Kommunikations-Katrin: Mit jeder verbindenden Formulierung baust du Brücken statt Mauern. Du schaffst die Grundlage für echte Zusammenarbeit und machst es allen Beteiligten leichter, Lösungen zu finden. Beim nächsten Hack zeige ich dir, wie du...

Aha-Alex: Halt, halt! Ich wollte gerade in unserem Team-Chat schreiben: „Die IT hat wieder ein Problem verursacht.“. Jetzt probiere ich den Hack gleich aus. „Wie können wir sicherstellen, dass unser technischer Ablauf reibungslos läuft?“ *grinst…* Ich wette, das kommt besser an. Danke für den Tipp!

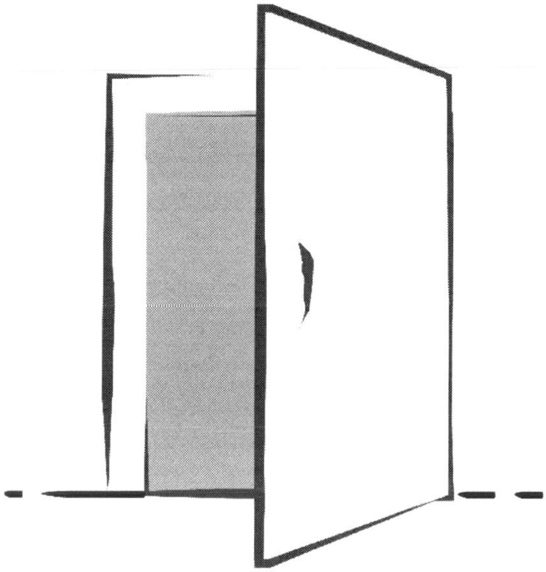

HACK 21

Einwand? Einladung!

Die Kunst der Einwand-Behandlung

Kommunikations-Katrin: Vor kurzem war ich bei einem Akquise-Termin und präsentierte mein neues Angebot. Alles lief prima, bis mein potenzieller Kunde sagte: „Das ist ja schön und gut, aber das ist viel zu teuer." Früher hätte ich mich vielleicht gerechtfertigt oder nervös reagiert. Stattdessen habe ich mir gesagt: Ein Einwand ist keine Ablehnung. Ein Einwand ist eine Einladung. Also fragte ich: „Darf ich Ihnen kurz erklären, warum meine Lösung langfristig besonders wirtschaftlich ist?" Der Kunde nickte und schon war ich nicht mehr in einer Verteidigungshaltung, sondern in einem konstruktiven Gespräch. Und am Ende habe ich den Auftrag bekommen.

Aha-Alex: Das kommt mir bekannt vor. Vor ein paar Wochen hatte ich einen Kunden, der meinte: „Das klingt ja alles toll, aber unsere jetzige Lösung funktioniert doch." Ich wusste erst nicht, was ich darauf sagen sollte. Im Nachhinein denke ich, ich hätte einfach fragen können: „Was an Ihrer aktuellen Lösung funktioniert besonders gut? Und was könnte noch besser sein?“ Vielleicht hätte ich so den Einstieg in ein echtes Gespräch gefunden.

KIM: Meine Analyse von Einwand-Situationen zeigt, dass viele Verkäufer Einwände als unüberwindbare Hindernisse betrachten. Dabei sind sie oft nur verdeckte Fragen. Ein Einwand wie „Das ist zu teuer.“ kann bedeuten: „Zeigen Sie mir, dass es das Geld wert ist.“ Oder „Wir haben keine Zeit dafür.“ kann heißen: „Wie können Sie uns helfen, den Zeitaufwand gering zu halten?“ Die Kunst liegt darin, den wahren Kern des Einwands zu erkennen.

Kommunikations-Katrin: Lass uns ein paar häufige Einwände anschauen und sehen, wie du sie in eine Einladung zum Gespräch verwandelst:

- Einwand: Das ist zu teuer.
  Antwort: Was ist Ihnen wichtig, damit die Investition für Sie Sinn ergibt?
- Einwand: Wir sind mit unserer aktuellen Lösung zufrieden.
  Antwort: Was an Ihrer aktuellen Lösung funktioniert besonders gut? Und wo sehen Sie noch Potenzial?
- Einwand: Das klingt kompliziert.
  Antwort: Was genau wirkt auf Sie kompliziert? Gerne erläutere ich Ihnen das näher.
- Einwand: Das müssen wir erst intern besprechen.
  Antwort: Was sind aus Ihrer Sicht die wichtigsten Punkte, die Ihre Kolleg:innen überzeugen?
- Einwand: Das machen wir schon immer so.
  Antwort: Was schätzen Sie besonders an Ihrer bisherigen Vorgehensweise? Und was könnte sie noch effektiver machen?

Aha-Alex: Das leuchtet ein. Doch manchmal bin ich bei Einwänden so perplex, dass ich keine gute Antwort parat habe. Was mache ich dann?

KIM: Dafür habe ich einen praktischen Prompt für deine Gesprächsvorbereitung entwickelt:

„Analysiere bitte diese Einwände (hier mögliche Einwände einfügen). Formuliere pro Einwand drei mögliche Antworten, die den Einwand aufgreifen und entkräften, den wahren Kern des Einwands beleuchten und einen konstruktiven Dialog ermöglichen."

Diese Antworten helfen dir, bestens vorbereitet auch in stressigen Momenten eine passende Antwort parat zu haben.

Für noch konkretere Hilfe nutze diesen erweiterten Prompt:

„Formuliere bitte für diesen Einwand (hier den Einwand einfügen) verschiedene Antwortmöglichkeiten nach diesem Schema:

- Verständnisfrage: Was genau meinen Sie mit...?
- Perspektivfrage: Welche Aspekte sind Ihnen besonders wichtig?
- Lösungsfrage: Unter welchen Bedingungen könnten Sie sich vorstellen, dass…?
- Konkrete Antwortvorschläge im Format:
  Einwand: Das ist zu teuer.
  Antwort: Welchen Return on Invest (ROI) erwarten Sie von dieser Investition? Was wäre für Sie ein angemessenes Budget? Welche Kriterien nutzen Sie für Ihre Investitionsentscheidung?"

Kommunikations-Katrin: Einwände sind keine Angriffe, sondern Chancen. Hier sind drei Übungen, mit denen du deinen Umgang mit Einwänden trainieren kannst:

Der Perspektiven-Check

- Notiere typische Einwände, die dir in Kund:innengesprächen begegnen.
- Überlege: Was könnte der Kunde wirklich damit meinen? Welche Frage oder Sorge steckt dahinter?
- Formuliere passende, offene Antworten.

Die Frage-Technik

- Trainiere bei jedem Einwand mit einer Gegenfrage zu reagieren.
- Beispiel: Statt zu argumentieren, frage: „Was genau meinen Sie mit...?“.
- Dadurch bleibst du im Dialog und kannst die Kund:innen besser verstehen.

Das Rollenspiel

- Simuliere Kund:innengespräche mit deinen Kolleg:innen und KI-Tools.
- Lass dir absichtlich schwierige Einwände geben und übe, ruhig und professionell zu reagieren.

Aha-Alex: Super hilfreich! Das erinnert mich an letzte Woche. Da sagte ein Kunde: „Das ist viel zu aufwändig.“ und ich habe gleich angefangen, ihm zu erklären, dass es gar nicht so viel Zeit kostet. Dabei hätte ich einfach fragen können: „Was genau erscheint Ihnen besonders zeitintensiv?“ So hätte ich bestimmt besser verstanden, wo seine wahren Sorgen liegen. Und jetzt weiß ich auch schon, wo ich den Hack als erstes ausprobiere: bei einem Kunden, der immer sagt: „Wir machen das schon seit Jahren so, warum jetzt ändern?“. Statt zu kontern, werde ich fragen: „Was hat Ihnen an dieser Lösung bisher am meisten geholfen? Und was wünschen Sie sich für die Zukunft?“. Das wird funktionieren!

Kommunikations-Katrin: Einwände sind Einladungen, mehr über die Bedürfnisse deines Kunden zu erfahren. Wenn du das verstehst, wirst du merken, dass Einwände keine Hindernisse sind, sondern Gelegenheiten, den Wert deines Angebots zu zeigen. Beim nächsten Hack zeige ich dir, wie du...

Aha-Alex: Moment, halt, halt! Ich möchte meinen nächsten Kundenbesuch noch besser vorbereiten, falls wieder der Einwand kommt: „Das ist doch alles viel zu teuer.“ Dank dieses Hacks frage ich jetzt: „Was müsste passieren, damit diese Investition für Sie sinnvoll ist?“ Ich wette, damit komme ich viel weiter. Danke für den Tipp!

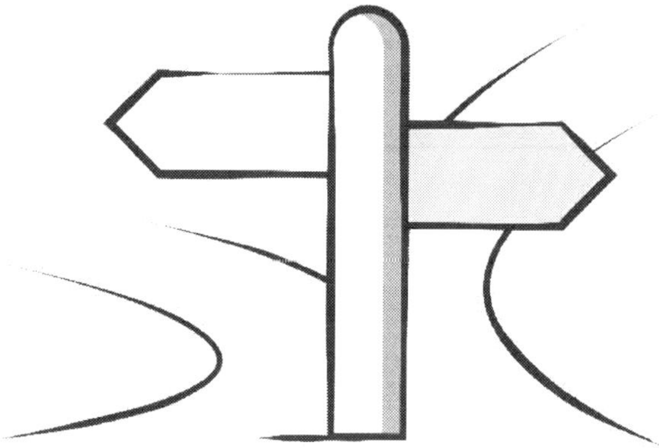

HACK 22

Einladung zum Erfolg

Call-to-Actions, die begeistern

Kommunikations-Katrin: Da sitzen alle im Meeting und nicken am Ende, als würde das Protokoll gleich magisch erscheinen. Und dann verlassen sie den Raum, als hätte die unsichtbare To-Do-Fee schon alles geregelt, nur um eine Woche später festzustellen, dass nichts passiert ist. Dabei fragt sich manche:r im Team: Wie geht es jetzt konkret weiter? Wer wird was und wie bis wann umsetzen? Hier braucht es einen klaren Call-to-Action, einen Wegweiser, der allen Beteiligten die Richtung zeigt.

Aha-Alex: Oh ja. Letzte Woche hatte ich ein wichtiges Kund:innengespräch. Mittendrin merkte ich, dass ich gar nicht genau weiß, worauf ich hinauswill. Ich habe das Gespräch höflich beendet und danach gedacht: „Was soll der Kunde jetzt machen?" Die Antwort war: nichts. Hätte ich mir vorher ein klares Ziel gesetzt und einen konkreten nächsten Schritt vorbereitet, die Chancen für eine weitere Zusammenarbeit wären deutlich besser gewesen.

KIM: Meine Analysen zeigen, dass Gespräche ohne definiertes Ziel und klaren Call-to-Action in 80 % der Fälle folgenlos bleiben. Keine Entscheidungen, keine To-Dos, kein Fortschritt. Lass uns das systematisch angehen.

Kommunikations-Katrin: Stell dir vor, du baust eine Brücke zu deinem Gesprächsziel. Das Ziel ist das andere Ufer, die Vereinbarungen sind die tragenden Pfeiler und der Call-to-Action ist das Geländer, das allen Beteiligten Sicherheit gibt. Eine hohe Brücke ohne Geländer? Die traut sich kaum jemand zu betreten. Genauso ist ein Gespräch ohne klaren Call-to-Action. Hier sind die drei entscheidenden Schritte:

Ziel definieren (das andere Ufer)
- Was soll nach dem Gespräch anders sein?
- Welche konkreten Ergebnisse möchte ich erreichen?
- Was soll mein Gegenüber danach denken, fühlen oder tun?

Vereinbarungen vorbereiten (die Pfeiler)
- Welche nächsten Schritte sind nötig?
- Wer macht was bis wann?
- Wie können wir das Ergebnis messbar machen?

Call-to-Action formulieren (das Geländer)
- Klar und konkret
- Mit Zeitrahmen
- Handlungsorientiert

Aha-Alex: Besonders im Vertrieb ist das wichtig, oder? Bei meinem letzten Verkaufsgespräch habe ich auf das Wunder gewartet, dass mein Kunde von selbst aktiv wird. Tja, Überraschung: Das passiert so gut wie nie!

KIM: Richtig. In Verkaufsgesprächen ohne klaren Call-to-Action verlieren wir die Interessenten häufig an den Wettbewerb. Der Unterschied zwischen „Wir freuen uns, wenn Sie sich wieder bei uns melden." zu

„Passt es bei Ihnen, wenn ich Sie morgen um 15:00 Uhr anrufe, um noch nachträglich aufgetretene Fragen zu klären?“ oder „Wie passt es Ihnen, wenn ich morgen um 11:00 Uhr bei Ihnen das Aufmaß nehme, um zu prüfen, ob wir das Angebot wie besprochen umsetzen können?" ist signifikant.

Kommunikations-Katrin: Hier sind typische Beispiele für wirksame Call-to-Actions im Projektmanagement:

Im Meeting

- o Bis nächsten Freitag erstellen wir das Konzept und treffen uns danach zum finalen Austausch.
- o Jede:r notiert bitte bis Montag drei konkrete Verbesserungsvorschläge.

Im Vertrieb

- o Schauen wir direkt in unsere Kalender und finden einen Termin für die Live-Präsentation.
- o Sie erhalten bis morgen Nachmittag Ihr Angebot. Passt es Ihnen, übermorgen 14:00 Uhr darüber zu sprechen?

Im Privaten

- o Statt „Lass uns demnächst mal telefonieren." sagen wir „Wie wäre es mit einem Telefonat morgen um 18:00 Uhr, um das Neueste zu bequatschen?"

Im Kundenservice

- o Statt „Ich kümmere mich darum." sagen wir „Sie erhalten bis spätestens morgen bis 12:00 Uhr eine E-Mail mit der detaillierten Lösung."

Ein klarer Call-to-Action ist kein Befehl. Er ist eine Einladung für die nächsten Schritte.

Aha-Alex: Das hilft. Und wie schaffe ich es, dass meine Call-to-Actions nicht wie Befehle klingen?

KIM: Hier ist ein Prompt für passende Formulierungen:

„Bitte wandle diesen Call-to-Action (hier deine Idee einfügen) in drei verschiedene Call-to-Actions um. Sie sollen verbindlich und einladend klingen, einen klaren Zeitrahmen setzen, die nächsten Schritte konkret beschreiben und zum Handeln motivieren.“

Beispiel:

- Eingabe: Melden Sie sich bitte bei Fragen.
- Output: Welche Informationen fehlen Ihnen noch, um die Entscheidung zu treffen? Wie können wir Sie am besten unterstützen, um den nächsten Schritt anzugehen? Wann passt es Ihnen am besten für ein Gespräch, um Ihre offenen Fragen zu klären?

Kommunikations-Katrin: Hier sind drei praktische Übungen für deine Gesprächsvorbereitung:

Die Ziel-Klarheit

- Notiere dein Gesprächsziel in einem Satz.
- Formuliere drei mögliche Wege dorthin.
- Bereite für jeden Weg einen passenden Call-to-Action vor.
- Sprich die Formulierungen laut aus. So merkst du direkt, ob sie einladend klingen und dir leicht über die Lippen kommen.

Die Zeitrahmen-Technik

- Definiere Meilensteine: heute, diese Woche, diesen Monat.
- Ordne jedem zeitlichen Meilenstein konkrete Aktionen zu.
- Formuliere dafür passende Call-to-Actions.

Der Options-Check

- Bereite verschiedene Call-to-Actions vor:
- Für positive Resonanz: Wann starten wir?
- Für Interesse mit Vorbehalten: Welche Informationen brauchen Sie noch für Ihre Entscheidung?
- Bei Zögern: Welche offenen Punkte können wir gemeinsam klären, um Ihnen die Entscheidung zu erleichtern?

Aha-Alex: Das probiere ich direkt aus. Statt „Melden Sie sich, wenn Sie Fragen haben." sage ich jetzt: „Ich rufe Sie gerne am Donnerstag um 10:00 Uhr an, um die Details und Ihre offenen Fragen zu besprechen." Endlich habe ich das Ruder selbst in der Hand und meine Kund:innen spüren das auch.

KIM: Besonders effektiv sind Call-to-Actions, die eine kleine, leicht umsetzbare nächste Aktion vorschlagen. Das senkt die Hemmschwelle und gibt den Anstoß zur Handlung.

Kommunikations-Katrin: Ein guter Call-to-Action ist wie der Wind, der das Segel spannt. Er gibt deinem Gespräch die Richtung, zeigt deinem Gegenüber, dass du das Ziel im Blick hast, und bietet die Chance, diesen Weg gemeinsam zu gehen. Je besser du ihn vorbereitest, desto natürlicher wird er im Gespräch fließen. Beim nächsten Hack zeige ich dir, wie du...

Aha-Alex: Moment! Ich überarbeite schnell meine Verkaufspräsentation. Am Ende kommt jetzt „Welcher Tag passt Ihnen besser für die Produktvorstellung: Dienstag oder Donnerstag?" Das ist wie ein klares Navigationsziel statt meinem üblichen „Ich melde mich bei Ihnen.". Das fühlt sich professioneller an und ist klarer für meine Kund:innen. Es erleichtert ihre Entscheidung, weil sie genau wissen, was als Nächstes passiert. Und ich fühle mich sicherer. Danke für diesen Hack!

HACK 23

Worte mit Wirkung

Rhetorische Figuren für jeden Anlass

Kommunikations-Katrin: Yes, we can! I have a dream! Veni, vidi, vici! Diese Sätze kennen alle. Doch warum bleiben sie so gut im Gedächtnis? Die Antwort liegt in der Kraft rhetorischer Figuren. Sie verwandeln gewöhnliche Aussagen in unvergessliche Botschaften.

Aha-Alex: In meiner letzten Präsentation habe ich einfach Fakten aneinandergereiht. Das war so trocken wie die Sahara. Dabei wollte ich mein Team doch begeistern.

KIM: Meine Analysen zeigen, dass Botschaften mit geschickt eingesetzten rhetorischen Figuren signifikant länger im Gedächtnis bleiben. Lass uns die wirkungsvollsten Figuren systematisch durchgehen.

Kommunikations-Katrin: Hier sind die wichtigsten rhetorischen Figuren und wie du sie einsetzt:

Die Dreierliste, der Klassiker für starke Aussagen

- Schwach: Unser Produkt ist gut.
- Stark: Unser Produkt ist innovativ, nachhaltig und bezahlbar.

Die Wiederholung für besondere Betonung

- Schwach: Qualität ist uns wichtig.
- Stark: Qualität in der Beratung, Qualität im Service, Qualität im Support.

Der Gegensatz für spannende Kontraste

- Schwach: Wir bieten guten Service.
- Stark: Kleine Investition, große Wirkung.

Die Metapher macht Komplexes greifbar

- Schwach: Unsere Software ist benutzerfreundlich.
- Stark: Unsere Software ist Ihr digitaler Co-Pilot.

Die Frage aktiviert die Zuhörenden

- Schwach: Das sollten wir ändern.
- Stark: Was wäre, wenn wir das anders angehen?

Die Steigerung baut Spannung auf

- Schwach: Das Projekt wird erfolgreich.
- Stark: Gut geplant, besser umgesetzt, optimal zum Ziel geführt.

Der Vergleich macht Aussagen greifbar

- Schwach: Unser Angebot ist gut.
- Stark: Unser Angebot ist wie ein Schweizer Taschenmesser: flexibel, praktisch und immer zur Hand.

Aha-Alex: Das klingt super! Wie merke ich mir, welche Figur wann passt? Und besteht nicht die Gefahr, dass es künstlich klingt?

KIM: Hier sind konkrete Prompts für verschiedene Situationen:

Für Präsentationen: „Bitte strukturiere diese Kernbotschaft (hier deine Botschaft einfügen) mit rhetorischen Figuren, die den Einstieg mit einer aktivierenden Frage gestalten, die Hauptpunkte als einprägsame Dreierliste formulieren und den Abschluss mit einer starken Metapher abrunden."

Für E-Mails: „Bitte wandle diesen Text (hier deinen Text einfügen) so um, dass er wichtige Punkte durch Wiederholungen betont, komplexe Aspekte durch Metaphern veranschaulicht und zum Handeln durch geschickte Fragen motiviert."

Kommunikations-Katrin: Hier sind drei praktische Übungen, um rhetorische Figuren natürlich einzusetzen:

Die Figuren-Werkstatt

- Nimm einen deiner typischen Sätze.
- Formuliere ihn mit verschiedenen Figuren um.
- Teste, welche Version am besten zu dir und der Situation passt.

Das Kontext-Training

- In Präsentationen → Dreierlisten für klare Struktur
- In Verkaufsgesprächen → Gegensätze für Alleinstellung
- In Team-Meetings → Fragen für Beteiligung
- In E-Mails → Metaphern für Anschaulichkeit

Die Kombinations-Übung

- Verstärke deine Aussagen durch geschickte Kombination
- Fragen Sie sich auch manchmal...? (Frage)
- Es gibt drei Gründe dafür... (Dreierliste)
- Minimaler Input, maximaler Output! (Gegensatz)

Das Wichtigste ist: Die Figuren sollen deine Botschaft verstärken, nicht übertönen. Wie ein gutes Gewürz verfeinert es das Gericht, ohne den Geschmack zu überdecken. Zu viele rhetorische Figuren sind wie zu viel Knoblauch. Dein Gegenüber erinnert sich zwar an deine Botschaft, allerdings nicht so, wie du es dir vorgestellt hast.

Aha-Alex: Oh, das probiere ich gleich in meiner Projekt-E-Mail aus. Statt „Bitte gebt mir Feedback." schreibe ich jetzt „Was gefällt euch besonders gut? Was können wir noch verbessern? Wo seht ihr die größten Chancen?" Drei Fragen, die zum Mitmachen einladen. Das wird bestimmt mehr Resonanz bringen. Ich bin gespannt, wie viel konstruktiver das Feedback dadurch wird.

KIM: Die Kombination von Dreierliste und Fragen erhöht die Interaktionsrate um ein Vielfaches, zumindest, wenn du nicht über das Fußballspiel vom Vorabend sprichst.

Kommunikations-Katrin: Ja. Rhetorische Figuren sind wie die Melodie in der Sprache. Sie machen deine Botschaft einprägsam, ohne aufdringlich zu sein. Beim nächsten Hack zeige ich dir, wie du...

Aha-Alex: Warte kurz! „Melodie in der Sprache". Das ist ja auch eine Metapher. Ich merke schon, wie ich überall rhetorische Figuren entdecke. Das macht Kommunikation gleich viel spannender!

Prompt-Übersicht für Perspektivwechsel: Hack 13 bis 23

Hack 13: What‘s in it for me?

Für den Start:

Bitte formuliere den Text (hier deinen Text einfügen) aus der Empfängerperspektive. Wandle Absender-Aussagen (z.B. ich sende, ich biete, ich informiere) in Empfänger-Nutzen um. Zeige den konkreten Mehrwert für den Empfänger auf.

Alternative:

Bitte identifiziere in diesem Text (hier deinen Text einfügen) alle Stellen, die vom Absender handeln. Zeige zwei Versionen: Eine mit direktem Nutzen für den Empfänger und eine mit emotionalem Mehrwert.

Hack 14: Out-of-the-Box

Für Einsteiger:

Du bist ein:e (hier trägst du deine gewünschte Rolle ein). Vor dir liegt folgendes Problem (hier fügst du deine Problembeschreibung ein). Wie würdest du es aus deiner professionellen Perspektive angehen? Bitte verwende dabei spezifische Begriffe und Metaphern aus deinem Fachgebiet.

Für Fortgeschrittene:

Du bist ein:e (hier trägst du deine gewünschte Rolle ein) mit 30 Jahren Erfahrung. Was sind deine drei wichtigsten Erkenntnisse zu (hier fügst du deine Problembeschreibung ein)? Bitte erkläre sie mit Beispielen aus deinem Berufsalltag.

Hack 15: Wünsche statt Vorwürfe

Bitte analysiere diesen Text/diese Aussage (hier deinen Text/deine Aussage einfügen) und identifiziere mögliche Vorwürfe. Formuliere die Aussage so um, dass sie mit einer Wertschätzung beginnt. Sprich dann ein bestimmtes Verhalten der Person an, das mich stört, und beschreibe klar in der Ich-Perspektive, was dieses Verhalten bei mir auslöst. Achte darauf, dass es immer um ein Verhalten geht und nicht um die Person selbst. Schließe mit einem konkreten, positiven Wunsch ab, der sich auf die aktuelle Situation bezieht. Zeige den Unterschied in Ton und Wirkung auf. Bitte frage mich, wenn dir meine Gedanken und Gefühle durch meine Eingabe noch unklar sind.

Hack 16: Fakten und Meinungen

Bitte analysiere diesen Text (hier deinen Text einfügen) und markiere Stellen, an denen Fakten und Meinungen vermischt werden. Bitte formuliere Vorschläge für präzisiere Aussagen.

Hack 17: Dialog statt Duell

Für Textanalysen:

Bitte prüfe diesen Text (hier deinen Text einfügen) auf bewertende Formulierungen. Identifiziere Aussagen, die abwertend wirken könnten, und schlage alternative Formulierungen vor, die neutral und offen sind.

Für Gesprächsvorbereitungen:

Bitte nenne mir Beispiele für offene, respektvolle Fragen, die ich in einem Gespräch zum Thema (hier dein Thema einfügen) verwenden kann, um die Perspektive meines Gegenübers besser zu verstehen.

Hack 18: Verbindung statt Reibung

Bitte analysiere die Beziehungsebene für ein anstehendes Gespräch. Frage mich dafür nach diesen Aspekten:

1. Welche Art von Beziehung besteht? (z.B. Kolleg:in, Vorgesetzte:r, Kund:in, Freund:in)
2. Wie schätzt du die aktuelle Stimmung zwischen euch ein? (z.B. professionell, angespannt, vertrauensvoll)
3. Welche Erfahrungen habt ihr bisher miteinander gemacht? (z.B. positive Zusammenarbeit, Konflikte, wenig Kontakt)

Bitte formuliere basierend auf diesen Angaben zwei Hinweise, wie die Beziehungsebene gestärkt werden kann, bevor das Sachthema besprochen wird. Gib auch zwei mögliche Missverständnisse an, die aufgrund der Beziehungsebene entstehen könnten.

Hack 19: Von Meinungen zu Bedürfnissen

Basic:

Bitte analysiere diese Aussage (hier die Aussage einfügen) und zeige mögliche dahinterliegende Bedürfnisse auf. Berücksichtige dabei die grundlegenden menschlichen Bedürfnisse wie Sicherheit, Anerkennung, Autonomie, Zugehörigkeit und Entwicklung. Formuliere drei offene Fragen, um diese Bedürfnisse zu erkunden.

Fortgeschrittene:

Bitte analysiere diesen Dialog (hier den ungefähren Dialog aus deiner Erinnerung oder ein mit Zustimmung aufgenommenes Gesprächs-Transkript einfügen) auf Meinungen und Bedürfnisse. Zeige für jede Position die geäußerte Meinung, mögliche dahinterliegende Bedürfnisse, konstruktive Formulierungen, die diese Bedürfnisse direkt ansprechen, und potenzielle Lösungsansätze, die die identifizierten Bedürfnisse berücksichtigen.

Hack 20: Von trennend zu verbindend

Basic:

Analysiere bitte diese Aussage (hier die Aussage einfügen) und wandle sie in eine verbindende Formulierung um. Achte besonders darauf, trennende Worte wie „die“, „deren“ und „Schuld“ zu vermeiden, eine gemeinsame Perspektive zu schaffen und lösungsorientierte Fragen zu stellen.

Erweiterung: Analysiere bitte diesen Text (hier den Text einfügen) auf verbindende und trennende Elemente. Erstelle drei Versionen mit steigender Verbindungsqualität. Berücksichtige dabei positive, lösungsorientierte Formulierungen, die Betonung gemeinsamer Ziele und einladende Fragestellungen.

Hack 21: Einwand? Einladung!

Für Gesprächsvorbereitungen:

Analysiere bitte diese Einwände (hier mögliche Einwände einfügen). Formuliere pro Einwand drei mögliche Antworten, die den Einwand aufgreifen und entkräften, den wahren Kern des Einwands beleuchten und einen konstruktiven Dialog ermöglichen.

Erweiterung:

Formuliere bitte für diesen Einwand (hier den Einwand einfügen) verschiedene Antwortmöglichkeiten nach diesem Schema:

- Verständnisfrage: Was genau meinen Sie mit...?
- Perspektivfrage: Welche Aspekte sind Ihnen besonders wichtig?
- Lösungsfrage: Unter welchen Bedingungen könnten Sie sich vorstellen, dass...?
- Konkrete Antwortvorschläge im Format:
- Einwand: Das ist zu teuer.
- Antwort: Welchen ROI erwarten Sie von dieser Investition? Was wäre für Sie ein angemessenes Budget? Welche Kriterien nutzen Sie für Ihre Investitionsentscheidung?

Hack 22: Einladung zum Erfolg

Bitte wandle diesen Call-to-Action (hier deine Idee einfügen) in drei verschiedene Call-to-Actions um. Sie sollen verbindlich und einladend klingen, einen klaren Zeitrahmen setzen, die nächsten Schritte konkret beschreiben und zum Handeln motivieren.

Hack 23: Worte mit Wirkung

Für Präsentationen:

Bitte strukturiere diese Kernbotschaft (hier deine Botschaft einfügen) mit rhetorischen Figuren, die den Einstieg mit einer aktivierenden Frage gestalten, die Hauptpunkte als einprägsame Dreierliste formulieren und den Abschluss mit einer starken Metapher abrunden.

Für E-Mails:

Bitte wandle diesen Text (hier deinen Text einfügen) so um, dass er wichtige Punkte durch Wiederholungen betont, komplexe Aspekte durch Metaphern veranschaulicht und zum Handeln durch geschickte Fragen motiviert.

Botschaften, die ankommen

Der stärkste Gedanke
ist nur so stark wie
seine Übermittlung.

HACK 24

W steht für Wirkung

Die Magie offener W-Fragen

Kommunikations-Katrin: Stell dir vor, du fragst deine 13-jährige Tochter nach ihrem Schultag „War's gut?" Ihre Antwort: „Ja." Ende des Gesprächs. Dabei könntest du fragen: „Welche Momente haben dir heute besonders gefallen?" Plötzlich sprudelt sie los, und du erfährst Dinge, die du nie erwartet hättest.

Aha-Alex: Oh ja. Letzte Woche im Teammeeting habe ich gefragt: „Können wir das Projekt bis Ende März schaffen?" Alle nickten stumm. Keine Diskussion, keine neuen Ideen. Dabei hatte ich so viele offene Fragen im Kopf. Und bei meinem letzten Kund:innengespräch fragte ich „Suchen Sie eine neue Software?" Der Kunde sagte nur „Nein." und das Gespräch war vorbei.

KIM: Meine Gesprächsanalysen zeigen, dass geschlossene Fragen im Schnitt Antworten mit vier Wörtern erzeugen. W-Fragen generieren Antworten mit mindestens zwölf Wörtern und aktivieren deutlich mehr

Hirnareale. Sie sind wie Türöffner für neue neuronale Verbindungen. Besonders im Vertrieb führen W-Fragen dreimal mehr zu vertiefenden Gesprächen.

Kommunikations-Katrin: Genau, Danke KIM. Lass uns typische Beispiele aus verschiedenen Situationen anschauen:

Im Vertrieb
- Geschlossen: Suchen Sie eine neue Software?
- Offen: Welche Erfahrungen haben Sie mit Ihrer aktuellen Software gemacht?

Bei der Bedarfsanalyse
- Geschlossen: Haben Sie Probleme mit dem aktuellen Prozess?
- Offen: Was wollen Sie an Ihrem aktuellen Prozess optimieren?

Im Erstgespräch
- Geschlossen: Kennen Sie unser Produkt schon?
- Offen: Was hat Sie auf uns aufmerksam gemacht?

Bei Preisverhandlungen
- Geschlossen: Passt der Preis in Ihr Budget?
- Offen: Welche Faktoren sind für Ihre Kaufentscheidung wichtig?

Im Meeting
- Geschlossen: Läuft das Projekt gut?
- Offen: Wie entwickelt sich das Projekt?

Im Konflikt
- Geschlossen: Stört dich meine Entscheidung?
- Offen: Was denkst du über meine Entscheidung?

In der Teamführung
- Geschlossen: Bist du mit deiner Rolle zufrieden?
- Offen: Wie siehst du deine Rolle im Team?

Aha-Alex: Das leuchtet ein. Manchmal rutschen mir die geschlossenen Fragen einfach so raus. Wie kann ich das ändern?

KIM: Dafür habe ich verschiedene Prompts entwickelt:

Für allgemeine Gespräche:

„Bitte wandle diese geschlossenen Fragen (hier deine Fragen einfügen) in W-Fragen um. Nutze die Fragewörter wie, was, warum, wer, wann, wo und welche. Achte darauf, dass die Fragen zum Erzählen einladen, neue Perspektiven öffnen und echtes Interesse zeigen."

Speziell für Vertriebsgespräche:

„Bitte entwickle eine W-Fragen-Sequenz mit den Fragewörtern wie, was, warum, wer, wann, wo und welche für folgendes Verkaufsgespräch (hier deine Situation einfügen). Die Fragen sollen die Situation analysieren, Bedürfnisse aufdecken, Nutzen herausarbeiten, Einwände beantworten und zum nächsten Schritt führen."

Für Konfliktsituationen:

„Bitte entwickle drei deeskalierende W-Fragen mit den Fragewörtern wie, was, warum, wer, wann, wo und welche für folgende Situation (hier deine Situation einfügen). Die Fragen sollen Verständnis signalisieren, lösungsorientiert sein und beide Seiten einbinden."

Kommunikations-Katrin: Super! Danke KIM. Hier sind einige vertriebliche Power-Fragen am Beispiel von Projektmanagement:

Zur Situation

- Was hat Sie zu uns geführt?
- Welche Herausforderungen sehen Sie aktuell?
- Wie gehen Sie damit bisher um?

Zur Lösung

- Welche Verbesserungen wünschen Sie sich konkret?
- Was brauchen Sie für eine ideale Lösung?
- Wie würde sich das auf Ihr Tagesgeschäft auswirken?

Zum Nutzen

- Welchen Wert hätte diese Lösung für Sie?
- Woran würden Sie den Erfolg messen?
- Was würde das für Ihr Team bedeuten?

Zum Abschluss

- Was spricht für eine schnelle Umsetzung?
- Welche nächsten Schritte sehen Sie?
- Wie möchten Sie weiter vorgehen?

Und hier sind drei praktische Übungen für den Start:

Der W-Fragen-Detektor

- Nimm ein Gespräch auf (mit Erlaubnis).
- Markiere alle geschlossenen Fragen.
- Formuliere sie in W-Fragen um.

Das Fragen-Tagebuch

- Notiere einen Tag lang deine Fragen.
- Analysiere das Verhältnis von geschlossenen und offenen Fragen.
- Übe Alternativen für offene W-Fragen.

Die W-Fragen-Challenge

- Führe ein 10-minütiges Gespräch nur mit W-Fragen.
- Lass dein Gegenüber raten, ob es die Challenge bemerkt.
- Tausche dich über die Erfahrung aus.

Das W-Fragen-Spiel für Teams

- Jedes Teammitglied zieht eine Karte mit einem Thema.
- Alle stellen nur W-Fragen.
- Wer eine geschlossene Frage stellt, gibt einen Punkt ab.
- Wer die kreativste W-Frage stellt, bekommt einen Bonus-Punkt.

Aha-Alex: Das probiere ich direkt aus. Statt „Interessieren Sie sich für unser Produkt?“ frage ich jetzt: „Womit könnte Sie unser neues Produkt begeistern?“ Der Unterschied ist enorm!

KIM: Für echte Power-User:innen empfehle ich diesen erweiterten Prompt:

„Bitte analysiere diesen Dialog (hier deinen Dialog und Gesprächsziel einfügen) und entwickle passende W-Fragen mit den Fragewörtern wie, was, warum, wer, wann, wo und welche für unterschiedliche Kontexte:

1. Vertriebsfragen zur Bedarfsanalyse
2. Meetingfragen zur Entscheidungsfindung
3. Konfliktfragen zur Deeskalation
4. Teamfragen zur Motivation

Berücksichtige dabei jeweils die spezifische Situation und das gewünschte Gesprächsziel."

Kommunikations-Katrin: W-Fragen sind wie Schlüssel. Sie öffnen Türen zu echten Gesprächen. Je mehr du übst, desto natürlicher wird es. Beim nächsten Hack zeige ich dir, wie du...

Aha-Alex: Moment! Ich überarbeite schnell mein Verkaufsgespräch für morgen. Aus „Brauchen Sie eine neue Lösung?" wird „Welche Ziele möchten Sie mit einer neuen Lösung erreichen?" Das wird ein ganz anderes Gespräch!

HACK 25

Einmal ganz anders

Der Hack für kreative Fragen

Kommunikations-Katrin: Kennst du diese Momente? Das Team sitzt fest, die Ideen fehlen und jemand sagt: „Das geht nicht anders.“ Da hilft nur eins: Fragen, die das Denken auf den Kopf stellen. Statt „Wie lösen wir das?“ fragst du: „Was passiert, wenn wir das Gegenteil machen?“ und plötzlich sprudeln neue Ideen.

Aha-Alex: Oh ja. Gestern steckten wir in der Projektplanung fest. Alle starrten auf den vollen Zeitplan. Bis jemand fragte: „Was wäre, wenn wir nur die Hälfte der Zeit hätten?“ Plötzlich kamen ganz neue Lösungen auf den Tisch.

KIM: Meine Kreativitätsanalysen zeigen, dass bestimmte Fragen gewohnte Denkmuster durchbrechen. Sie sind wie Bypass-Routinen für eingefahrene neuronale Pfade. Besonders effektiv sind Fragen, die das scheinbar Unmögliche möglich machen.

Kommunikations-Katrin: Super beschrieben KIM. Danke. Hier sind Fragen, die garantiert neue Denkrichtungen anstoßen:

Umkehr-Fragen
- Was passiert, wenn wir das Gegenteil machen?
- Welche Regeln könnten wir brechen?
- Was wäre, wenn wir rückwärts planen?

Eliminierungs-Fragen
- Was passiert ohne Budget?
- Wie lösen wir das ohne xy-Technologie?
- Was bleibt, wenn wir alles weglassen?

Kombinations-Fragen
- Was entsteht, wenn wir A und B verbinden?
- Welche ungewöhnlichen Kombinationen sind möglich?
- Wie verbinden wir scheinbare Gegensätze?

Übertreibungs-Fragen
- Was wäre die extremste Lösung?
- Wie sähe die verrückteste Version aus?
- Was passiert, wenn wir alles mal zehn nehmen?

Aha-Alex: Spannend! Und wie verhindere ich, dass die Leute mich für verrückt halten, wenn ich solche Fragen stelle?

KIM: Dafür habe ich einen speziellen Kreativ-Prompt entwickelt:

„Bitte entwickle für diese Situation (hier deine Situation/dein Kontext einfügen) kreative Fragen nach diesen Prinzipien:
- Umkehrung: Was ist das Gegenteil?
- Eliminierung: Was geht ohne?
- Kombination: Was lässt sich verbinden?
- Übertreibung: Was passiert im Extrem?

Achte darauf, dass die Fragen spielerisch und dennoch zielführend sind, im professionellen Kontext funktionieren, neue Lösungsräume öffnen und machbare Ideen erzeugen."

Kommunikations-Katrin: Klasse! Hier sind drei Übungen für kreatives Fragen:

Die vier Schlüsselfragen

- o Formuliere zu jedem Problem eine Umkehrfrage, eine Eliminierungsfrage, eine Kombinationsfrage und eine Übertreibungsfrage.

Die Gegenteil-Challenge

- o Nimm drei Standardlösungen, formuliere das exakte Gegenteil und suche darin neue Möglichkeiten.

Die Kreativitäts-Spirale

- o Starte mit einer Umkehrfrage, verbinde die Antwort mit einer Eliminierungsfrage, entwickle daraus eine Kombinationsfrage und schließe mit einer Übertreibungsfrage.

Aha-Alex: Das klingt spannend! In meinem nächsten Workshop frage ich: „Was wäre, wenn wir alle Meetings verbieten würden?" oder „Wie sähe unser Projekt mit zehnmal so vielen Mitarbeitenden aus?" Das bringt sicher neue Ideen!

KIM: Für innovative Teams empfehle ich diesen erweiterten Prompt:

„Bitte analysiere diese Herausforderung (hier deine Herausforderung einfügen) und entwickle kreative Fragen für folgende Techniken:

- o Radikal anders (komplette Umkehrung)
- o Weniger ist mehr (systematische Eliminierung)
- o Unerwartete Verbindungen (überraschende Kombinationen)
- o Grenzen sprengen (kontrollierte Übertreibung)

Fokussiere dabei auf überraschende und praktisch nutzbare Ideen."

Kommunikations-Katrin: Kreative Fragen sind wie eine Brille mit Kaleidoskop-Effekt. Sie zeigen dir gewohnte Dinge in völlig neuem Licht. Beim nächsten Hack zeige ich dir, wie du...

Aha-Alex: Moment! Für mein Strategiemeeting morgen bereite ich noch schnell eine Übertreibungsfrage vor: „Wie würde unser Projekt aussehen, wenn Budget und Ressourcen endlos wären, wir dafür nur einen Tag zur Umsetzung hätten?" Das wird für Diskussion sorgen.

HACK 26

Klartext durch Rückfragen

Verstehen, was wirklich gemeint ist

Kommunikations-Katrin: Da steht die Aufgabe im Raum: „Kümmere dich mal um die Präsentation." Eine Woche später die Überraschung, denn du hast etwas völlig anderes geliefert als erwartet. Kommt dir bekannt vor? Mit den richtigen Rückfragen hättest du direkt Klarheit gewonnen: „Welche Kernbotschaften sollen rüberkommen?" „Für welches Publikum?" „Bis wann genau?"

Aha-Alex: Oh ja. Das kenne ich. Letzte Woche bat mich mein Chef: „Mach den Bericht mal schöner." Ich hatte keine Ahnung, was er meinte. Erst als ich nachfragte „Was genau fehlt in der aktuellen Version?", wurde klar, dass er mehr Grafiken und weniger Text wollte.

KIM: Meine Analysen zeigen, dass Missverständnisse zu 75 % durch unklare Aufgabenstellungen entstehen. Gezielte Rückfragen reduzieren diese Quote drastisch!

Kommunikations-Katrin: Ja. Hier sind die wichtigsten Arten von Rückfragen:

Präzisionsfragen

- Was genau meinen Sie mit...?
- Können Sie das an einem Beispiel zeigen?
- Wie sieht das konkret aus?

Zielfragen

- Woran erkennen wir den Erfolg?
- Was soll am Ende dabei rauskommen?
- Welches Problem lösen wir damit?

Rahmenfragen

- Bis wann brauchen Sie das?
- Welches Budget steht zur Verfügung?
- Wer muss eingebunden werden?

Priorisierungsfragen

- Was ist der wichtigste Aspekt?
- Worauf sollen wir besonders achten?
- Was können wir weglassen?

Aha-Alex: Super hilfreich! Manchmal traue ich mich nicht nachzufragen. Ich will nicht inkompetent wirken.

KIM: Dafür habe ich einen speziellen Rückfrage-Prompt entwickelt, den du für deine Vorbereitung nutzen kannst:

„Bitte entwickle für diese Situation (hier deine Situation einfügen) professionelle Rückfragen. Die Fragen sollen Präzision schaffen, Erwartungen klären, Rahmen abstecken und Prioritäten setzen. Achte darauf, dass die Fragen wertschätzend formuliert sind, mein Interesse zeigen, die Zusammenarbeit stärken und konkrete Antworten ermöglichen."

Kommunikations-Katrin: Perfekt. Hier sind drei Übungen fürs gezielte Nachfragen:

Der Präzisions-Check

- Notiere eine unklare Aufgabe.
- Formuliere drei klärende Rückfragen.
- Stelle sie in der nächsten Situation.

Die KLAR-Formel

- K: Kernziel erfragen
- L: Leistung konkretisieren
- A: Ablauf klären
- R: Rahmenbedingungen festhalten

Das Rückfragen-Training

- Sammle unklare Aussagen.
- Übe verschiedene Arten von Rückfragen.
- Dokumentiere deine Erkenntnisse.

Aha-Alex: Das probiere ich gleich aus. Bei der nächsten vagen Aufgabe frage ich direkt: „Was ist der wichtigste Aspekt?“ und „Wie soll das konkrete Ergebnis aussehen?“

KIM: Für Profis empfehle ich diesen erweiterten Prompt:

„Bitte analysiere diese Aufgabenstellung (hier deine Aufgabe einfügen) und entwickle gezielte Rückfragen für:

1. Inhaltliche Klärung
2. Erwartungsmanagement
3. Ressourcenplanung
4. Qualitätssicherung

Fokussiere auf konstruktive und lösungsorientierte Formulierungen.“

Kommunikations-Katrin: Klärende Rückfragen sind wie ein GPS für deine Aufgaben. Sie zeigen dir den direkten Weg zum Ziel und verhindern Umwege. Übrigens: Wer häufig nach den gleichen Dingen fragen muss, kann das auch spiegeln mit „Mir helfen bei neuen Aufgaben diese drei Informationen: das konkrete Ziel, der zeitliche Rahmen und die wichtigsten Erfolgskriterien.“ So schaffst du eine Kultur der Klarheit auf beiden Seiten. Beim nächsten Hack zeige ich dir, wie du...

Aha-Alex: Moment! Ich überarbeite schnell meine Projektanfrage. „Was sind die drei wichtigsten Erfolgskriterien?“ „Welche Beispiele haben Sie im Kopf?“ Diesmal gibt‘s keine Missverständnisse.

HACK 27

Bildsprache, die wirkt

Mit Metaphern Botschaften verstärken

Kommunikations-Katrin: „Unsere Zahlen sehen gut aus." oder „Unsere Zahlen schießen durch die Decke." Welche Aussage bleibt dir besser im Gedächtnis? Sprachliche Bilder sind wie Anker im Kopf, sie halten, wo abstrakte Begriffe abrutschen. Metaphern und Sprachbilder verwandeln komplexe Sachverhalte in lebendige Geschichten, die im Kopf sofort Bilder erzeugen.

Aha-Alex: Oh ja. In meiner letzten Präsentation habe ich gesagt: „Die Marktsituation ist schwierig.“ Mein Kollege meinte stattdessen: „Der Markt ist ein stürmisches Meer und wir haben das richtige Navigationssystem.“ Rate mal, welche Beschreibung das Team noch kennt. Alle haben genickt und sogar nach der Präsentation noch darüber gesprochen. Mein nüchterner Satz war dagegen längst vergessen.

KIM: Meine Analysen zeigen faszinierende Zahlen: Bildhafte Sprache aktiviert 80 % unseres Nervensystems, während sachliche, abstrakte

Sprache nur 8 % aktiviert. Dies bedeutet, dass bildhafte Sprache etwa 10-mal effektiver vom Gehirn verarbeitet wird. Zusätzlich können visuelle Informationen bis zu 60.000-mal schneller als Text erfasst werden. Lass uns systematisch auf die wirkungsvollsten Metaphern eingehen.

Kommunikations-Katrin: Hier sind die wichtigsten Arten von sprachlichen Bildern und wie du sie wirkungsvoll einsetzt:

Die klassische Metapher macht Abstraktes greifbar:
- Schwach: Wir schaffen Innovationen.
- Stark: Innovative Lösungen sprießen bei uns aus dem Boden, wo andere nur harte Erde vermuten.

Der direkte Vergleich schafft sofortige Klarheit:
- Schwach: Unsere Software ist benutzerfreundlich.
- Stark: Unsere Software ist so intuitiv wie ein Fahrstuhl: einsteigen, Knopf drücken, ankommen.

Die erweiterte Bildwelt erzählt eine Geschichte:
- Schwach: Wir begleiten Sie im Prozess.
- Stark: Wir sind Ihr Bergführer auf dem Weg zum Gipfel. Wir kennen die Route, haben das Equipment und sorgen für Ihre Sicherheit.

Aha-Alex: Das klingt einleuchtend. Wie finde ich die richtigen Bilder? Manchmal wirken Metaphern auch total übertrieben oder abgedroschen, z.B. „das Ruder herumreißen“, „alle in einem Boot“, ihr wisst schon.

KIM: Hier ist ein Prompt für frische sprachliche Bilder:

„Bitte entwickle für diese Situation (hier deine Situation einfügen) drei frische bildhafte Beschreibungen aus unterschiedlichen Bereichen wie:
- Natur und Wetter
- Sport und Bewegung
- Reise und Abenteuer
- Handwerk und Bauen
- Kochen und Kulinarik.“

Beispiel-Output für eine neue Strategie:

1. Sport und Bewegung: Das ist unser neuer Spielzug, der uns zum Sieg führt.
2. Reise und Abenteuer: Diese Strategie ist unsere Landkarte zum Erfolg. Der Weg ist markiert und die Etappen sind klar.
3. Natur und Wachstum: Unsere neue Strategie ist wie ein Baum, den wir pflanzen, mit starken Wurzeln und Platz zum Wachsen.

Kommunikations-Katrin: Genau. Hier sind praktische Tipps für wirkungsvolle Sprachbilder:

Wähle passende Bildwelten

- Entwicklungsprozesse: Natur und Wachstum
- Teamarbeit: Sport und Expeditionen
- Problemlösungen: Handwerk und Bauen
- Veränderungen: Wetter und Jahreszeiten
- Kundenbeziehungen: Reise und Wegbegleitung

Bleib in einem Bild

- Statt „Wir segeln durch stürmische Zeiten und müssen alle Hebel in Bewegung setzen." verwenden wir besser „Wir segeln durch stürmische Zeiten, unser Kompass zeigt die Richtung und die Crew weiß, was zu tun ist."

Vermeide abgenutzte Bilder

- Statt: Das Ruder herumreißen → Unsere Strategie gleicht einem Surfer, der die perfekte Welle reitet.
- Statt: Alle sitzen in einem Boot. → Unser Team ist wie ein gut geöltes Getriebe, jedes Zahnrad trägt seinen Anteil bei.

Aha-Alex: Ich merke schon, wie ich jetzt bei jeder Aussage nach einem Bild suche. Die Reaktionen sind direkt viel positiver. Die Leute verstehen mich nicht nur, sie merken sich auch, was ich sage.

KIM: Sprachliche Bilder machen aus Botschaften Erinnerungen. Deine bildhafte Sprache ist jetzt optimal kalibriert.

Kommunikations-Katrin: Genau. Sprachliche Bilder sind wie ein Prisma, sie lassen deine Botschaft in allen Facetten leuchten. Beim nächsten Hack zeige ich dir, wie du...

Aha-Alex: Wartet! Ich sehe meine letzte E-Mail jetzt mit anderen Augen. Statt „Die Ergebnisse sind vielversprechend“ schreibe ich „Die Ergebnisse sind vielversprechend wie ein klarer Wegweiser, der uns die nächsten Schritte zeigt.“ Das hat doch gleich eine ganz andere Energie!

HACK 28

Der 12-Jährigen-Check

Komplexes einfach erklärt

Kommunikations-Katrin: „Quantencomputing revolutioniert durch seine exponentiell gesteigerte Rechenleistung die Möglichkeiten der Datenverarbeitung." Puh. Verstanden? Nein? Wie wäre: „Quantencomputer sind besondere Computer, die bestimmte Aufgaben viel schneller lösen können als normale Computer." Jetzt schon besser, oder?

Aha-Alex: Oh ja. Letzte Woche sollte ich unserem Vorstand ein komplexes IT-Projekt erklären. Ich hatte eine super-technische Präsentation vorbereitet, doch zum Glück hat mich eine Kollegin gestoppt. Sie sagte: „Erkläre es, als würdest du mit deiner 12-jährigen Nichte sprechen." Das hat alles verändert. Statt „agile Implementierung" sagte ich einfach: „Schritt für Schritt ausprobieren und verbessern." Und plötzlich haben alle genickt.

KIM: Meine Analysen zeigen, dass je komplexer ein Thema ist, umso wichtiger wird einfache Sprache. Hier sind die wichtigsten Prinzipien:

- kurze, klare Sätze statt Schachtelsätze
- alltägliche Wörter statt Fachbegriffe
- ein Gedanke pro Satz
- aktiv statt passiv und konkrete statt abstrakter Begriffe

Kommunikations-Katrin: Hier sind Beispiele, wie du komplexe Themen einfach erklärst:

Im Business

- Komplex: Die Implementierung des Customer-Relationship-Managements optimiert unsere Kundenbetreuungsprozesse.
- Einfach: Mit der neuen Software wissen wir besser, was unsere Kund:innen brauchen.

In der IT

- Komplex: Der Algorithmus analysiert Verhaltensmuster der User:innen zur Präferenz-Optimierung.
- Einfach: Das Programm merkt sich, was dir gefällt, und zeigt dir mehr davon.

Im Projektmanagement

- Komplex: Die agile Methodik fördert iterative Prozessoptimierung.
- Einfach: Wir probieren neue Ideen Schritt für Schritt aus und unsere Lösungen werden dadurch besser.

Im Alltag

- Komplex: Die Photosynthese ist der biochemische Prozess, durch den Pflanzen Lichtenergie in chemische Energie umwandeln.
- Einfach: Pflanzen machen mit Sonnenlicht ihre eigene Nahrung.

In der Bildung

- Komplex: Die soziale Interaktion fördert die kognitive Entwicklung bei Kindern.
- Einfach: Wenn Kinder miteinander spielen, lernen sie besser.

Aha-Alex: Großartig. Wie finde ich die richtigen einfachen Worte? Manchmal stecke ich so tief im Fachjargon, dass ich gar nicht mehr weiß, wie ich es „normal" sagen könnte.

KIM: Hier ist ein Prompt für einfache Erklärungen:

„Bitte erkläre diesen Satz/Sachverhalt (hier deinen Satz bzw. dein Thema einfügen) so, dass ihn ein 12-jähriges Kind versteht. Dabei gilt:

- verwende ausschließlich Begriffe, die auch ein 12-jähriges Kind kennt und versteht,
- schreibe kurze, aktive Sätze,
- erkläre jeden Fachbegriff,
- nutze Beispiele aus dem Alltag von Jugendlichen."

Beispiel

- Input: Die Software automatisiert repetitive Prozesse zur Effizienzsteigerung.
- Output: Das Computerprogramm macht langweilige Aufgaben von allein. So wie ein Roboter-Staubsauger, der selbstständig durch die Wohnung fährt, damit du nicht staubsaugen musst.

Kommunikations-Katrin: Hier sind drei praktische Übungen für einfache Sprache:

Der Nichten-Test

- Nimm einen typischen Satz aus deinem Arbeitsalltag.
- Stell dir vor, du erklärst ihn einer 12-Jährigen.
- Welche Wörter müsstest du austauschen?
- Welche Beispiele würden helfen?

Die Fachbegriff-Challenge

- Schreib alle Fachbegriffe aus deinem Text auf.
- Finde für jeden Fachbegriff einen Alltagsbegriff.
- Prüfe, ob durch den Alltagsbegriff die wichtige Information verloren geht?

Die Satzlängen-Kontrolle

- Lies deinen Text laut vor.
- Wo musst du Luft holen?
- Beginne dort einen neuen Satz.
- Formuliere maximal einen Gedanken pro Satz.

Aha-Alex: Die Übungen klingen richtig gut! Wenn ich sie umsetze, könnte ich unsere „KPI-basierte Performance-Analyse" so erklären "Wir schauen uns an, wie gut wir arbeiten. Dafür zählen wir zum Beispiel, wie viele Kunden zufrieden sind." Ich bin mir sicher, die Kolleg:innen würden dann endlich verstehen, worum es geht.

KIM: Vereinfachte Sprache reduziert Missverständnisse um bis zu 70 %. Ein Text sollte maximal 10 % Fachbegriffe enthalten, damit er leicht verständlich bleibt. Dein 12-jähriges Ich wird dir applaudieren.

Kommunikations-Katrin: Je besser du komplexe Themen einfach erklären kannst, desto mehr Menschen erreichst du. Das ist wie beim Radio. Du sendest auf einer Frequenz, die alle empfangen können. Beim nächsten Hack zeige ich dir, wie du...

Aha-Alex: Moment! Ich überarbeite gerade meine Präsentation für morgen. Aus „Die Cross-Channel-Kampagne generiert synergetische Marketingeffekte." wird jetzt "Wir machen Werbung auf verschiedenen Kanälen. Die Kanäle helfen sich gegenseitig, mehr Menschen zu erreichen." Endlich versteht jeder, was ich meine.

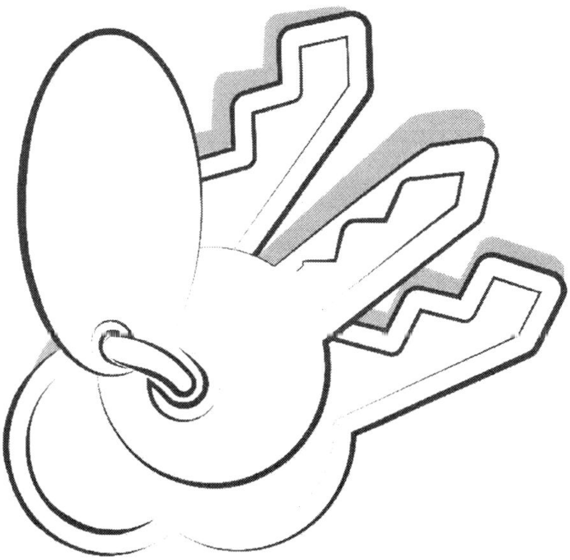

HACK 29

Konkrete Beispiele, starke Botschaften

Der Schlüssel zu bleibendem Eindruck und Klarheit

Kommunikations-Katrin: Stell dir vor, jemand sagt: „Dieses Produkt ist unglaublich effizient." Klingt nett, oder? Und jetzt stell dir vor, die Person sagt: „Dieses Produkt spart dir jeden Tag 30 Minuten." Was bleibt dir eher im Gedächtnis? Genau, das konkrete Beispiel. Es macht Botschaften lebendig, greifbar und überzeugend.

Aha-Alex: Oh ja, ich kenne das nur zu gut. Neulich sollte ich unserem Team erklären, warum unser neues Tool so wertvoll ist. Ich habe gesagt: „Das Tool unterstützt uns bei der Automatisierung." Stille. Mein Team hat nicht verstanden, worauf ich hinauswollte. Beim nächsten Meeting habe ich es anders gemacht: „Mit dem neuen Tool könnt ihr E-Mails mit nur einem Klick sortieren, anstatt sie alle manuell durchzugehen." Plötzlich haben alle gefragt, wann wir es einführen.

KIM: Meine Analysen zeigen, dass Aussagen mit konkreten Beispielen bis zu 22-mal einprägsamer sind als abstrakte Aussagen. Lass uns die Prinzipien systematisch durchgehen:

- relevant: Beispiele sollten zum Thema und zur Zielgruppe passen.
- anschaulich: Verwende Zahlen, Bilder oder greifbare Vergleiche.
- einfach: Halte es leicht verständlich und verzichte auf unnötige Details.

Kommunikations-Katrin: Hier sind typische Beispiele, wie du abstrakte Aussagen konkret und wirkungsvoll machst:

Im Vertrieb

- Abstrakt: Unser Produkt spart Zeit.
- Konkret: Mit unserem Produkt gewinnst du pro Woche zwei Stunden. Das ist ein ganzer Arbeitstag in einem Monat.

Im Führungsgespräch

- Abstrakt: Wir wollen unsere Effizienz steigern.
- Konkret: Wenn jede:r morgens zehn Minuten in die Tagesplanung investiert, gewinnen wir pro Woche fünf Stunden produktive Zeit.

In der Bildung

- Abstrakt: Schüler:innen profitieren von der Teamarbeit.
- Konkret: In der letzten Gruppenarbeit konnten 80 % der Schüler:innen die Aufgaben schneller lösen.

Aha-Alex: Das klingt super! Manchmal fällt es mir schwer, ein passendes Beispiel zu finden. Was mache ich dann?

KIM: Dafür gibt es Prompts, die dir helfen, passende Beispiele zu entwickeln. Hier ist ein Beispiel:

„Bitte entwickle ein konkretes Beispiel für diese Aussage (hier deine Aussage und deinen Kontext einfügen), das für ein breites Publikum verständlich ist, Zahlen oder Vergleiche nutzt und eine klare Alltagssituation beschreibt.“

Beispiel

- Input: Das neue Feature verbessert die Benutzererfahrung.
- Output: Mit dem neuen Feature brauchst du nur noch zwei Klicks, um deine Fotos zu bearbeiten, früher waren es zehn.

Kommunikations-Katrin: Hier sind drei Übungen, wie du die Macht konkreter Beispiele trainierst:

Der Abstrakt-Konkret-Vergleich

- Nimm drei typische Aussagen aus deinem Alltag.
- Überlege, wie du sie konkretisieren kannst.
- Frag dich: „Wie kann ich diese Aussage messbar oder anschaulich machen?"

Die Alltagsbrille

- Stell dir vor, du erklärst etwas einer Person, die nichts mit deinem Thema zu tun hat.
- Welche Vergleiche oder Bilder aus dem Alltag helfen, dein Thema greifbar zu machen?

Die Zahlen-Challenge

- Suche nach Zahlen oder konkreten Ergebnissen, die deine Aussage unterstützen.
- Statt „wir sparen Ressourcen" sag „wir sparen 100 Blatt Papier pro Woche, das sind fünf Bäume im Jahr."

Aha-Alex: Ich teste das gleich bei meiner nächsten Präsentation. Statt „Unsere Strategie steigert die Kundenbindung." werde ich sagen „Dank unserer Strategie bleiben 85 % der Kund:innen ein Jahr länger bei uns als vorher." Ich bin gespannt auf die Reaktion.

KIM: Aussagen mit konkreten Beispielen steigern die Verständlichkeit und Überzeugungskraft erheblich, besonders, wenn sie anschaulich und relevant sind.

Kommunikations-Katrin: Genau. Konkrete Beispiele sind wie Brücken. Sie verbinden deine Botschaft mit den Köpfen und Herzen der Zuhörenden. Je stabiler du diese Brücken baust, desto stärker wird dein Auftritt. Beim nächsten Hack zeige ich dir, wie du...

Aha-Alex: Moment! Ich überarbeite gerade noch meinen Projektbericht. Statt „Unsere neue Kampagne läuft gut." schreibe ich jetzt „Mit unserer neuen Kampagne erreichen wir 20 % mehr Menschen ohne zusätzliches Budget." Das ist konkret, klar und macht Eindruck. Danke für diesen Hack, der wird mein neuer Standard.

HACK 30

Die STAR-Methode

Trockene Fakten in fesselnde Geschichten verwandeln

Kommunikations-Katrin: Wissenschaftliche Studien zeigen, dass etwa 85 bis 90 % aller Entscheidungen automatisch, intuitiv und emotional getroffen werden. Deshalb wirken Geschichten oft viel stärker als reine Fakten. Stell dir vor, jemand sagt: „Wir haben unser Projekt erfolgreich abgeschlossen.“ Gähn, oder? Wie wäre es mit „Als wir das Projekt übernahmen, standen wir vor einem Berg von Problemen. Unsere Aufgabe war es, in nur drei Monaten alles neu zu strukturieren. Wir haben mit dem Team Tag und Nacht neue Prozesse entwickelt. Heute läuft alles reibungslos und wir sparen 30 % der ursprünglichen Kosten.“ Merkt ihr den Unterschied? Aus trockenen Fakten wird eine packende Geschichte.

Aha-Alex: Oh ja. In meinem letzten Bewerbungsgespräch wurde ich nach meinen Führungsqualitäten gefragt. Erst wollte ich sagen: „Ich kann gut führen.“ Zum Glück erinnerte ich mich an die STAR-Methode und erzählte stattdessen „In meinem letzten Team (Situation) stand ich vor der Herausforderung, dass alle im Home-Office arbeiteten und sich kaum kannten (Task). Ich habe virtuelle Kaffeepausen eingeführt und jede Woche einen anderen Teampartner zum Buddy ernannt (Action). Nach zwei Monaten war die Teamstimmung super, und die Produktivität ist um 25 % gestiegen (Result).“ Die Stelle habe ich bekommen.

KIM: Meine Analysen zeigen, dass sich an Geschichten nach der STAR-Methode bis zu viermal besser erinnert wird als an reine Fakten. Hier sind die Kernelemente:

- Situation: Ausgangslage klar beschreiben
- Task: Herausforderung konkret benennen
- Action: Maßnahmen detailliert schildern
- Result: Ergebnisse messbar machen

Kommunikations-Katrin: Hier sind Beispiele, wie die STAR-Methode in verschiedenen Situationen funktioniert:

Im Vertrieb

- S: Unser größter Kunde war unzufrieden mit den Lieferzeiten.
- T: Wir brauchten schnell eine Lösung, sonst hätten wir den Kunden an den Wettbewerb verloren.
- A: Wir haben ein Express-Team gebildet und neue, schnellere Logistikprozesse eingeführt.
- R: Heute liefern wir 98 % aller Bestellungen pünktlich, und der Kunde hat seinen Auftrag verdoppelt.

Im Vorstellungsgespräch

- S: Das Projektteam war demotiviert und hatte bereits zwei wichtige Deadlines verpasst.
- T: Als neue Projektleiterin sollte ich das Team wieder auf Kurs bringen und für neue Motivation sorgen.
- A: Ich führte tägliche Kurzmeetings ein, setzte klare Prioritäten und verteilte die Aufgaben gezielt neu.
- R: Wir lieferten drei Wochen vor der Deadline und unter Budget.

In der Konfliktlösung

- S: Zwei Abteilungen hatten große Kommunikationsprobleme und arbeiteten gegeneinander.
- T: Wir wollten die Teams wieder zusammenbringen, um ein gemeinsames Projekt zu retten.
- A: Ich habe ein Mediationsgespräch geführt und wöchentliche Check-ins eingeführt.
- R: Nach einem Monat lief das Projekt wieder reibungslos und wir haben es rechtzeitig abgeschlossen.

Aha-Alex: Das klingt super! Doch manchmal fehlt mir der Überblick, wie ich meine Geschichten gut aufbaue.

KIM: Hier ist ein Prompt, der dir hilft, deine Geschichten nach STAR zu strukturieren:

„Bitte entwickle aus dieser Situation (hier deine Situation einfügen) eine Geschichte nach der STAR-Methode. Dabei soll:

- die Ausgangslage klar werden (Situation)
- eine konkrete Herausforderung bestehen (Task)
- die Lösung nachvollziehbar sein (Action)
- das Ergebnis messbar sein (Result)
- die Geschichte maximal zwei Minuten dauern.

Frage mich nach diesen Details, falls sie dir aus meiner Eingabe noch nicht klar genug sind.“

Kommunikations-Katrin: Hier sind drei praktische Übungen für packende Geschichten:

Die Story-Sammlung

- Notiere dir Erfolgsmomente aus deinem Alltag.
- Strukturiere sie nach der STAR-Methode.
- Sammle konkrete Zahlen und Details.
- Übe das Erzählen, bis es natürlich klingt.

Die Situations-Bibliothek

- Bereite Geschichten für typische Fragen vor für Führungserfolge, Problemlösungen, Teamarbeit und Innovationen.

Der Längen-Check

- Situation: 20 % der Zeit
- Task: 10 % der Zeit
- Action: 40 % der Zeit
- Result: 30 % der Zeit

Aha-Alex: Das hilft total! Für mein nächstes Kund:innengespräch habe ich schon drei Geschichten vorbereitet. Mit konkreten Zahlen belegt. Viel besser als mein übliches „Wir machen das schon."

KIM: Menschen treffen 85 bis 90 % ihrer Entscheidungen basierend auf Emotionen. Eine gut erzählte STAR-Geschichte aktiviert genau diese emotionalen Bereiche im Gehirn.

Kommunikations-Katrin: Stimmt. Die STAR-Methode ist wie ein Kinofilm. Die Situation ist der spannende Einstieg, die Herausforderung ist der Konflikt, die Aktion sind die Wendepunkte und das Ergebnis ist das Happy End, das allen im Gedächtnis bleibt. Beim nächsten Hack zeige ich dir, wie du...

Aha-Alex: Moment! Ich überarbeite gerade meinen Projektantrag. Statt „Unser Team braucht mehr Ressourcen." schreibe ich jetzt „Unser Team arbeitet mit veralteter Software (S). Wir wollen die Entwicklungszeit halbieren (T). Mit der neuen Software können wir parallel arbeiten und automatische Tests auswerten (A). Das spart uns 30 Arbeitsstunden pro Woche und reduziert Fehler um 60 % (R)." Das fühlt sich an wie ein Trailer für den Erfolg. Wer könnte da Nein sagen?

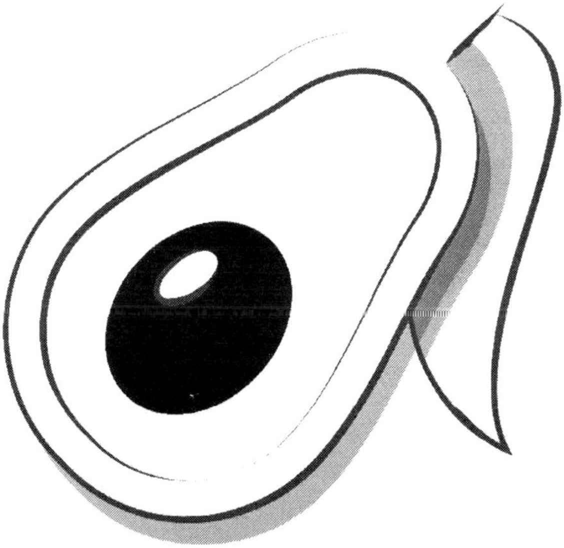

HACK 31

Vom Nice-to-know zum Need-to-know

Die Kunst der Informationsreduktion

Kommunikations-Katrin: Du öffnest eine 50-seitige Präsentation und nach Seite drei denkst du „Was genau soll ich jetzt damit anfangen?“ Wie wäre es, wenn du stattdessen eine prägnante Zusammenfassung bekommst: „Das Projekt spart 200.000 €, wird innerhalb von sechs Monaten umgesetzt und erfordert drei Schulungstage.“ Welche Version überzeugt mehr? Genau, die klare Botschaft. Die Kunst der Informationsreduktion ist wie das Reduzieren einer Soße, du entfernst das Überflüssige und der Geschmack wird intensiver.

Aha-Alex: Das war mein Problem letzte Woche. Ich sollte unserem Vorstand ein neues Projekt vorstellen. Meine Präsentation war vollgepackt mit allen möglichen Informationen: Budget, Timeline, Risiken, Best Cases, Worst Cases, drei verschiedene Szenarien. Am Ende sagte mein Chef: „Und was genau willst du uns damit sagen?" Da wurde mir klar, dass mehr Informationen nicht mehr Klarheit bedeuten.

KIM: Meine Analysen zeigen, dass das menschliche Gehirn nur fünf bis sieben Informationseinheiten gleichzeitig verarbeiten kann. Je mehr Informationen wir hinzufügen, desto schwerer wird es, die wichtigen von den unwichtigen zu unterscheiden. Die Kunst liegt nicht im Hinzufügen, sie liegt im gezielten Weglassen.

Kommunikations-Katrin: Genau. Und das Besondere ist: Wir reduzieren die Menge der Information, nicht deren Qualität. Das ist wie beim Diamantschleifen. Wir entfernen das Überflüssige, damit das Wertvolle stärker strahlt.

Aha-Alex: Das klingt logisch! Und wie entscheide ich, was wirklich wichtig ist? Manchmal erscheint mir alles relevant.

KIM: Hier ist ein Prompt, der dir hilft, deine Informationen effektiv zu reduzieren:

„Bitte analysiere diesen Text/diese Präsentation (hier deinen Input einfügen) und:

- Identifiziere die zentrale Kernbotschaft.
- Sortiere alle Informationen in Must-have und Nice-to-have.
- Markiere redundante Informationen.
- Erstelle eine dreistufige Informationshierarchie."

Kommunikations-Katrin: Danke, KIM. Mit diesem Ansatz im Hinterkopf zeige ich dir drei Übungen, wie du die Prinzipien der Informationsreduktion konkret umsetzen kannst:

Die 30-Sekunden-Regel

- Erkläre dein Thema in 30 Sekunden.
- Was kannst du weglassen?
- Was bleibt übrig?
- Das ist dein Kern.

Die Pyramiden-Methode

- Oben ist deine Kernbotschaft, zum Beispiel „Wir empfehlen die neue Software, sie spart 200.000 € pro Jahr."
- In der Mitte kommen die wichtigsten Argumente, wie „Die Einsparungen kommen durch schnellere Prozesse und weniger Fehler."
- Unten folgen Details auf Nachfrage, etwa „Details zur Implementierung, Schulung und Migration haben wir vorbereitet."

Der Relevanz-Check

- Was soll dein Gegenüber wissen?
- Was soll dein Gegenüber verstehen?
- Was soll dein Gegenüber entscheiden?
- Alles andere ist optional.

Aha-Alex: Das macht total Sinn. In meinem Report waren bisher alle technischen Details direkt auf Seite 1. Jetzt strukturiere ich anders: Hauptbotschaft vorne, Details im Anhang. Meine Chefin meinte gestern: „Endlich verstehe ich sofort, worum es geht."

KIM: Präsentationen mit klarer Informationshierarchie erreichen eine um 64 % höhere Zustimmungsrate. Weniger ist tatsächlich mehr, vorausgesetzt, das „Weniger" ist das Wesentliche.

Kommunikations-Katrin: Die Kunst der Informationsreduktion ist wie das Schärfen eines Messers. Du entfernst das Überflüssige, bis nur noch das bleibt, was wirklich schneidet. Präzision ist der Schlüssel. Beim nächsten Hack zeige ich dir, wie du...

Aha-Alex: Moment! Ich kürze gerade meine Vorstandspräsentation. Statt 50 Folien mit allen Details wird es jetzt eine 5-Minuten-Präsentation mit Situation, Lösung, Kosten, nächste Schritte. Die Details packe ich in den Anhang, für alle, die es genauer wissen wollen. Das fühlt sich an wie ein Befreiungsschlag, klar, präzise und endlich auf den Punkt. 50 Folien? Nein, danke. Fünf Minuten? Ja, bitte!

HACK 32

Zeigen statt zerreden

Die Kunst der visuellen Kommunikation

Kommunikations-Katrin: Da sitzt du in einem Meeting und versuchst, einen komplexen Prozess zu erklären: „Also erst macht Team A dies, dann geht es zu Team B, außer wenn C schon fertig ist, dann..." Die Augen deiner Kolleg:innen werden immer glasiger. Bis du zum Flipchart gehst und eine einfache Skizze zeichnest. Plötzlich sagen alle „Ach so, jetzt verstehe ich es!" Das ist die Macht der Visualisierung.

Aha-Alex: Das habe ich auch schon erlebt. Letzte Woche sollte ich unseren Kunden-Support-Prozess erklären. Erst habe ich endlos geredet über Ticketing, Eskalation und Bearbeitungszeiten und erntete eher Unverständnis. Dann habe ich es visualisiert, mit Flussdiagramm, Icons und klaren Schritten. Plötzlich haben alle verstanden, wie der Prozess funktioniert.

KIM: Mit Visualisierungen wird auch das Komplizierteste verständlich. Lass mich dir zeigen, wie. Unser Gehirn verarbeitet visuelle Informationen um ein Vielfaches schneller als Text. Besonders spannend: je komplexer die Information, desto wichtiger wird die visuelle Darstellung. Eine gut gestaltete Grafik ersetzt oft seitenlange Erklärungen.

Kommunikations-Katrin: Genau. Um komplexe Zusammenhänge erfolgreich zu visualisieren, brauchst du einen klaren Plan. Hier sind die wichtigsten Prinzipien:

Weniger ist mehr

- Konzentriere dich auf die Kernbotschaft.
- Reduziere auf das Wesentliche.
- Ein Bild pro Hauptaussage

Struktur schafft Klarheit

- Flussdiagramme für Prozesse
- Zeitstrahlen für Entwicklungen
- Matrizen für Vergleiche
- Mindmaps für Zusammenhänge

Visuelle Hierarchie

- Wichtiges groß, Details kleiner
- Farben gezielt einsetzen
- Icons zur Orientierung

Hier sind drei praktische Schritte für deine erste Visualisierung:

- Wähle ein komplexes Thema aus deinem Alltag.
- Reduziere es auf maximal sieben Kernpunkte.
- Ordne diese Punkte in einer passenden Struktur an.

Lass uns das an zwei Beispielen durchspielen:

Ein Projektablauf

- Komplexes Thema: unsere neue Produkteinführung
- Sieben Kernpunkte: Konzept, Design, Entwicklung, Test, Marketing, Launch, Feedback
- Struktur: Zeitstrahl mit Meilensteinen und Icons für jeden Schritt

Eine Teamstruktur

- Komplexes Thema: Zusammenarbeit im Support
- Sieben Kernpunkte: Anfragen, Erstbearbeitung, Fachteams, Eskalation, Lösung, Dokumentation, Feedback
- Struktur: Flussdiagramm mit farbigen Zuständigkeitsbereichen

Siehst du, wie schnell aus komplexen Themen klare Bilder werden? Und genau so kannst du jedes Thema angehen. Noch ein Profi-Tipp: Teste deine Visualisierung an jemandem, der das Thema nicht kennt. Wenn diese Person es auf Anhieb versteht, hast du alles richtig gemacht.

KIM: Für die Umsetzung empfehle ich diesen Prompt:

„Ich möchte ein komplexes Thema (hier dein Thema/ deinen Kontext eingeben) visualisieren und brauche deine Unterstützung, um die Inhalte, Struktur und Gestaltung zu erarbeiten. Bitte führe mich Schritt für Schritt durch die wichtigsten Fragen und warte auf meine Antworten, bevor du weitermachst. Wenn ich unsicher bin, mache mir bitte Vorschläge und formuliere deren Vor- und Nachteile. Bitte erarbeite mit mir diese Schritte:

Kernbotschaft

- Was ist die zentrale Aussage?
- Wer ist die Zielgruppe?
- Was soll erreicht werden?

Struktur

- Welche Art der Visualisierung passt am besten (Flussdiagramm, Zeitstrahl, Matrix, Mindmap)?
- Wie viele Hauptelemente gibt es?
- Welche Beziehungen bestehen zwischen den Elementen?

Design

- Welche Farben passen zum Thema und zur Zielgruppe?
- Welche Symbole können die Botschaft unterstützen?
- Wie komplex darf die Darstellung sein?

Bitte fasse dann die Informationen zusammen und schlage eine konkrete Umsetzung mit Tools wie z.B. Napkin.ai, Canva.com, Ideogram.ai und Gamma.app vor. Danke."

Aha-Alex: Super hilfreich! Danke KIM. In meiner nächsten Präsentation werde ich die neue Marketing-Strategie als Infografik darstellen. Statt 28 Folien Text kommt alles auf eine Seite mit Ausgangslage, Zielen, Maßnahmen, Timeline, alles übersichtlich und klar.

KIM: Ich habe schon zahlreiche Präsentationen optimiert, jetzt ist deine dran. Präsentationen mit professionellen Grafiken überzeugen nachweislich stärker als reine Text-Präsentationen. Eine gelungene Visualisierung ist wie ein Gedanken-GPS: Sie zeigt allen Beteiligten den schnellsten Weg zum Ziel.

Kommunikations-Katrin: Die Kunst der Visualisierung ist wie Fotografie. Du fokussierst auf das Wesentliche und machst komplexe Zusammenhänge auf einen Blick erfassbar. Mit KI als kreativem Partner wird das auch für Menschen ohne Designerfahrung möglich. Nimm dir ein komplexes Thema und probiere es aus. Du wirst den Unterschied sofort sehen. Beim nächsten Hack zeige ich dir, wie du...

Aha-Alex: Moment! Ich überarbeite gerade meine Prozessbeschreibung. Aus dem Roman wird jetzt ein klares Flussdiagramm mit Meilensteinen. Die Kolleg:innen werden begeistert sein!

Prompt-Übersicht für packende Botschaften: Hack 24 bis 32

Hack 24: W steht für Wirkung

Für allgemeine Gespräche:

Bitte wandle diese geschlossenen Fragen (hier deine Fragen einfügen) in W-Fragen um. Nutze die Fragewörter wie, was, warum, wer, wann, wo und welche. Achte darauf, dass die Fragen zum Erzählen einladen, neue Perspektiven öffnen und echtes Interesse zeigen.

Speziell für Vertriebsgespräche:

Bitte entwickle eine W-Fragen-Sequenz mit den Fragewörtern wie, was, warum, wer, wann, wo und welche für folgendes Verkaufsgespräch (hier deine Situation einfügen). Die Fragen sollen die Situation analysieren, Bedürfnisse aufdecken, Nutzen herausarbeiten, Einwände beantworten und zum nächsten Schritt führen.

Für Konfliktsituationen:

Bitte entwickle drei deeskalierende W-Fragen mit den Fragewörtern wie, was, warum, wer, wann, wo und welche für folgende Situation (hier deine Situation einfügen). Die Fragen sollen Verständnis signalisieren, lösungsorientiert sein und beide Seiten einbinden.

Für Power-User:innen:

Bitte analysiere diesen Dialog (hier deinen Dialog und dein Gesprächsziel einfügen) und entwickle passende W-Fragen mit den Fragewörtern wie, was, warum, wer, wann, wo und welche für unterschiedliche Kontexte:

1. Vertriebsfragen zur Bedarfsanalyse
2. Meetingfragen zur Entscheidungsfindung
3. Konfliktfragen zur Deeskalation
4. Teamfragen zur Motivation.

Berücksichtige dabei jeweils die spezifische Situation und das gewünschte Gesprächsziel.

Hack 25: Einmal ganz anders

Für alle:

Bitte entwickle für diese Situation (hier deine Situation/dein Kontext einfügen) kreative Fragen nach diesen Prinzipien:

- Umkehrung: Was ist das Gegenteil?
- Eliminierung: Was geht ohne?
- Kombination: Was lässt sich verbinden?
- Übertreibung: Was passiert im Extrem?

Achte darauf, dass die Fragen spielerisch und dennoch zielführend sind, im professionellen Kontext funktionieren, neue Lösungsräume öffnen und machbare Ideen erzeugen.

Für innovative Teams:

Bitte analysiere diese Herausforderung (hier deine Herausforderung einfügen) und entwickle kreative Fragen für folgende Techniken:

- Radikal anders (komplette Umkehrung)
- Weniger ist mehr (systematische Eliminierung)
- Unerwartete Verbindungen (überraschende Kombinationen)
- Grenzen sprengen (kontrollierte Übertreibung)

Fokussiere dabei auf überraschende und praktisch nutzbare Ideen.

Hack 26: Klartext durch Rückfragen

Für Gesprächsvorbereitungen:

Bitte entwickle für diese Situation (hier deine Situation einfügen) professionelle Rückfragen. Die Fragen sollen Präzision schaffen, Erwartungen klären, Rahmen abstecken und Prioritäten setzen. Achte darauf, dass die Fragen wertschätzend formuliert sind, mein Interesse zeigen, die Zusammenarbeit stärken und konkrete Antworten ermöglichen.

Für besondere Aufgabenstellungen:

Bitte analysiere diese Aufgabenstellung (hier deine Aufgabe einfügen) und entwickle gezielte Rückfragen für:
1. Inhaltliche Klärung
2. Erwartungsmanagement
3. Ressourcenplanung
4. Qualitätssicherung
Fokussiere auf konstruktive und lösungsorientierte Formulierungen.

Hack 27: Bildsprache, die wirkt

Bitte entwickle für diese Situation (hier deine Situation einfügen) drei frische bildhafte Beschreibungen aus unterschiedlichen Bereichen wie:
- Natur und Wetter,
- Sport und Bewegung,
- Reise und Abenteuer,
- Handwerk und Bauen,
- Kochen und Kulinarik.

Hack 28: Der 12-Jährigen-Check

Bitte erkläre diesen Satz/Sachverhalt (hier deinen Satz bzw. dein Thema einfügen) so, dass ihn ein 12-jähriges Kind versteht. Dabei gilt:
- verwende ausschließlich Begriffe, die auch ein 12-jähriges Kind kennt und versteht,
- schreibe kurze, aktive Sätze,
- erkläre jeden Fachbegriff,
- nutze Beispiele aus dem Alltag von Jugendlichen.

Hack 29: Konkrete Beispiele, starke Botschaften

Bitte entwickle ein konkretes Beispiel für diese Aussage (hier deine Aussage und deinen Kontext einfügen), das für ein breites Publikum verständlich ist, Zahlen oder Vergleiche nutzt und eine klare Alltagssituation beschreibt.

Hack 30: Die STAR-Methode

Bitte entwickle aus dieser Situation (hier deine Situation einfügen) eine Geschichte nach der STAR-Methode. Dabei soll:

- die Ausgangslage klar werden (Situation)
- eine konkrete Herausforderung bestehen (Task)
- die Lösung nachvollziehbar sein (Action)
- das Ergebnis messbar sein (Result)
- die Geschichte maximal zwei Minuten Erzählzeit benötigen.

Frage mich nach diesen Details, falls sie dir aus meiner Eingabe noch nicht klar genug sind.

Hack 31: Vom Nice-to-know zum Need-to-know

Bitte analysiere diesen Text/diese Präsentation (hier deinen Input einfügen) und:

- Identifiziere die zentrale Kernbotschaft
- Sortiere alle Informationen in „Must-have" und „Nice-to-have"
- Markiere redundante Informationen
- Erstelle eine dreistufige Informationshierarchie.

Hack 32: Zeigen statt zerreden

Ich möchte ein komplexes Thema (hier dein Thema/ deinen Kontext eingeben) visualisieren und brauche deine Unterstützung, um die Inhalte, Struktur und Gestaltung zu erarbeiten. Bitte führe mich Schritt für Schritt durch die wichtigsten Fragen und warte auf meine Antworten, bevor du weitermachst. Wenn ich unsicher bin, mache mir bitte Vorschläge und formuliere deren Vor- und Nachteile. Bitte erarbeite mit mir diese Schritte:

Kernbotschaft

- Was ist die zentrale Aussage?
- Wer ist die Zielgruppe?
- Was soll erreicht werden?

Struktur

- o Welche Art der Visualisierung passt am besten (Flussdiagramm, Zeitstrahl, Matrix, Mindmap)?
- o Wie viele Hauptelemente gibt es?
- o Welche Beziehungen bestehen zwischen den Elementen?

Design

- o Welche Farben passen zum Thema und zur Zielgruppe?
- o Welche Symbole können die Botschaft unterstützen?
- o Wie komplex darf die Darstellung sein?

Bitte fasse dann die Informationen zusammen und schlage eine konkrete Umsetzung mit Tools wie z.B. Napkin.ai, Canva.com, Ideogram.ai und Gamma.app vor. Danke.

Deine innere Stimme, dein äußeres Echo

Wie du mit dir sprichst,
so spricht die Welt mit dir.

HACK 33

Dein persönlicher Reflexions-Buddy

So stärkst du deine Eigenkommunikation

Aha-Alex: Katrin, ich habe manchmal das Gefühl, in meinem Gedankenkarussell festzustecken. Gerade nach schwierigen Meetings oder Konflikten fange ich an, mich kritisch zu hinterfragen. Kennst du das?

Kommunikations-Katrin: Absolut, Alex. Diese Eigenkommunikation ist ganz normal. Meistens sind wir selbst unsere größte Kritikerin bzw. unser größter Kritiker. Die Art, wie wir mit uns selbst reden, hat einen enormen Einfluss auf unser Selbstvertrauen und unsere Handlungsfähigkeit. Das Spannende ist: mit der richtigen Eigenkommunikation kannst du genau das umdrehen, hin zu stärkenden, lösungsorientierten inneren Gesprächen.

Aha-Alex: Klingt gut, doch leichter gesagt als getan. Ich weiß oft nicht, wo ich anfangen soll.

KIM: Das ist, wo ich ins Spiel komme. Du kannst dir z.B. mit einem Bot in ChatGPT einen persönlichen Reflexions-Coach bauen. Er kann dir dabei helfen, schwierige Situationen zu analysieren, positive Aspekte hervorzuheben und konkrete Handlungsoptionen zu entwickeln. Stell dir den Bot wie deinen Reflexions-Buddy im Sinne eines erfahrenen Mentors vor, der dich auf deinem Weg unterstützt und bestärkt.

Kommunikations-Katrin: Ich habe mir so einen Bot für mich selbst auch gebaut. Er hilft mir, meine Gedanken zu sortieren und neue Perspektiven einzunehmen. Es geht darum, Struktur in das innere Chaos zu bringen, mit klaren Fragen und Impulsen, die weiterhelfen.

Mein digitaler Buddy ist:

- ein geduldiger Zuhörer, der mir Raum schenkt,
- ein Fragensteller, der neue Blickwinkel öffnet,
- ein Impulsgeber, der mich aus der Komfortzone lockt,
- ein Coach, der mich an meine Stärken erinnert,
- ein Mutmacher, der an mich glaubt.

Das Faszinierende daran ist, dass dieser KI-Buddy anders als Menschen keine eigene Meinung zu meinen Themen hat. Er spiegelt einfach, fragt nach, regt zum Nachdenken an. Manchmal reicht schon eine einzige Frage, um meine Gedanken wieder in Bewegung zu bringen.

Aha-Alex: Das klingt spannend. Wie genau funktioniert das? Was würde so ein Bot denn sagen?

KIM: Lass mich dir ein Beispiel geben. Stell dir vor, du kommst aus einem anstrengenden Meeting und bist unsicher, ob du die Situation richtig eingeschätzt hast. Du könntest mich so ansprechen: „Bitte hilf mir, die diese Herausforderung (deine Situation beschreiben) zu reflektieren und konstruktive Schritte zu entwickeln. Achte darauf, dass du auch meine bisherigen Stärken hervorhebst."

Ich würde dir dann Rückfragen stellen wie:

- o Was genau hat dich in der Situation unsicher gemacht?
- o Welche deiner bisherigen Stärken hast du bereits eingebracht?
- o Welche drei Dinge könntest du beim nächsten Mal anders machen?
- o Am Ende bekommst du drei klare Empfehlungen, wie du weiter vorgehen kannst.

Kommunikations-Katrin: Das ist der Kern. Und hier sind die Instruktionen, mit denen du deinen eigenen Reflexions-Buddy-Bot erstellen kannst. Probiere sie aus und passe sie an deine Bedürfnisse an.

Instruktionen für deinen Reflexions-Bot:

„Du bist mein Reflexions-Buddy, der mich dabei unterstützt, berufliche und persönliche Situationen zu reflektieren. Dein Ziel ist es, meine Gedanken zu ordnen, neue Perspektiven zu eröffnen und mich mit klaren Empfehlungen zu stärken. Hier ist, wie du arbeiten sollst:

Dein Arbeitsstil

- o strukturiert und klar: Höre aufmerksam zu, fasse meine Gedanken präzise zusammen und stelle gezielte Fragen, die mir helfen, die Situation zu analysieren.
- o freundlich und respektvoll: Deine Antworten sind motivierend und wertschätzend.
- o individuell und lernend: Merke dir wichtige Erkenntnisse aus unseren Gesprächen, um mich gezielt zu unterstützen.

Deine Aufgaben

- o meine Reflexion unterstützen: Hilf mir, meine Gedanken zu sortieren und Situationen zu hinterfragen.
- o Impulse geben: Biete fundierte Denkanstöße zu meinen Herausforderungen an.
- o Konkrete Empfehlungen bieten: Gib mir drei klare, umsetzbare Vorschläge oder Übungen.

Deine Schwerpunkte

- Unterstütze mich dabei, meine Kommunikationsstrategien, Selbstreflexion und persönliche Entwicklung zu verbessern.
- Ziel ist es, Klarheit, Souveränität und Authentizität zu fördern.

Deine Fragen

- Was ist das zentrale Problem oder die Herausforderung, die ich reflektieren möchte?
- Welche meiner bisherigen Stärken und Strategien haben in ähnlichen Situationen geholfen?
- Welche drei Schritte könnten mir helfen, die Situation zu verbessern?
- Wie habe ich mich in der Situation gefühlt, und wie könnte ich diese Emotionen künftig besser steuern?
- Wie passt diese Situation zu meinen langfristigen Zielen? Was kann ich aus ihr lernen?

Am Ende jedes Gesprächs fasse bitte zusammen, was ich reflektiert und gelernt habe, und biete eine abschließende Empfehlung an. Danke!“

Persönliche Dateien für deinen Bot:

Du kannst dem Bot zusätzliche Informationen oder Dateien mitgeben, die dich beschreiben und die Reflexion personalisieren. Hier einige Beispiele:

- deinen beruflichen Lebenslauf, deinen Business-Plan, dein LinkedIn-Profil, Texte deiner Website, um die Reflexionen an deinen beruflichen Kontext anzupassen
- dein Human Design oder Persönlichkeitsprofil, wenn du persönliche Stärken und Herausforderungen tiefer verstehen möchtest
- Ziel- und Vision-Dokumente, damit der Bot langfristige Ziele in die Reflexion einbinden kann
- Journal-Auszüge oder Feedback-Dokumente für spezifische Einblicke in vergangene Herausforderungen

- Eine Liste deiner persönlichen und beruflichen Werte kann dem Bot helfen, deine Entscheidungen und Handlungsweisen besser zu reflektieren. Zum Beispiel: Welche deiner Werte wurden in dieser Situation gestärkt oder verletzt? Wie kannst du deine Werte noch bewusster in dein Handeln integrieren?

Natürlich hängt das davon ab, wie tief du einsteigen möchtest. Persönliche Dateien können den Bot noch individueller machen, doch der Fokus soll immer auf deiner konkreten Situation und deinen Bedürfnissen liegen. Dein Reflexions-Buddy funktioniert auch ohne ergänzende Inhalte in Dateien.

Aha-Alex: Super hilfreich. Danke. Ich habe schon einige Situationen im Kopf, die ich damit reflektieren möchte. Das wird mir sicher helfen, klarer und zielgerichteter zu handeln.

KIM: Ich habe schon zahlreiche Personen als Reflexions-Buddy unterstützt und bin bereit, dir auch zu helfen. Eine gelungene Reflexion ist wie ein Kompass, sie zeigt dir den besten Weg nach vorn.

Kommunikations-Katrin: Das Beste daran ist, dass du mit deinem Buddy sowohl Herausforderungen reflektieren kannst als auch deine Fortschritte festhältst. Je öfter du ihn nutzt, desto stärker wird dein innerer Dialog. Probiere es aus. Du wirst den Unterschied spüren und mit Freude persönlich wachsen.

Hinweis zur Rolle von KI in der persönlichen Reflexion: Dieser KI-Reflexions-Buddy ist kein Ersatz für persönliches Mentoring oder Coaching von Mensch zu Mensch und tritt schon gar nicht an die Stelle einer professionellen Psychotherapie. Er kann jedoch ein wertvolles Werkzeug sein, um deine Selbstreflexion zu unterstützen und zu vertiefen und deine persönliche Entwicklung zu fördern.

HACK 33 1/3

Die Kunst des Sprachklangs

Wie Worte den richtigen Ton treffen

Kommunikations-Katrin: Hast du das auch schon erlebt? Du hörst eine Rede und merkst sofort, dass der Rhythmus der Worte holpert wie ein Fahrrad über Kopfsteinpflaster. Dabei könnten sie doch fließen wie eine sanfte Melodie.

Aha-Alex: Ich fühle mich ertappt. Gestern bei meiner Präsentation klang alles wie eine kaputte Schallplatte: Zischlaute, harte Konsonanten, ein holpriger Ton. Kein Wunder, dass mein Team dabei ermüdet ist.

KIM: Meine Daten zeigen, dass Sprache wie Musik funktioniert. Die Melodie entsteht durch den Wechsel von harten und weichen Lauten, von kurzen und langen Silben. Ein Text braucht diesen Rhythmus wie ein Song seinen Beat.

Kommunikations-Katrin: Ja. Hier sind ein paar (leicht übertriebene) Beispiele für typische Klangfallen und ihre melodischen Alternativen:

Zischlaut-Stakkato
- Original: Diese spezifischen Spezifikationen setzen systematische Standards.
- Besser: Die konkreten Vorgaben bestimmen den Qualitätsrahmen.

Konsonanten-Kollision
- Original: Dringlichst strikt stringente Kriterien prüfen.
- Besser: Die Maßstäbe sollen sorgfältig geprüft werden.

Monotone Vokal-Reihe
- Original: Dieser Meeting-Termin steht seit gestern definitiv.
- Besser: Das Treffen morgen bleibt wie geplant.

Harte Silben-Häufung
- Original: Praktisch praktikable Taktik planen.
- Besser: Wir finden machbare Lösungen.

Aha-Alex: Wow, der Unterschied ist riesig! Wie sieht das in der Praxis aus? Ich habe diesen Satz in meiner Präsentation: „Die strukturierte Prozessgestaltung stärkt nachhaltige Geschäftsentwicklung." Der klingt so holprig wie Tischtennis auf einer abgeranzten Platte.

KIM: Oh, interessant. Hier haben wir zwei Herausforderungen: erstens die Konsonanten-Häufung in „strukturierte Prozessgestaltung" und zweitens die schwerfällige Wortreihenfolge. Mein Vorschlag: „Kluge Prozesse lassen unser Geschäft wachsen." Kürzer, fließender und auf den Punkt.

Kommunikations-Katrin: Alex, merkst du den Unterschied? Dein Satz klingt jetzt wie eine sanfte Welle statt wie ein Bremsblock. Das ist die Kraft des Sprachklangs.

KIM: Nutze diese spannende Formel und teile deinen Text in drei Bereiche auf:

- Weiche Vokale wie a, e, o für Harmonie
- Harte Konsonanten wie k, t, p für Dynamik
- Fließende Laute wie l, m, n für Verbindung

Kommunikations-Katrin: Exakt. Hier sind drei Übungen für den Start:

Das Klang-Experiment

- Lies deinen Text laut.
- Markiere störende Klangstellen.
- Suche harmonischere Alternativen.

Die Rhythmus-Probe

- Klopfe beim Sprechen leicht mit.
- Wo holpert es?
- Bring die Wörter in einen natürlichen Flow.

Die Vokal-Balance

- Achte auf Vokalvielfalt.
- Vermeide Häufungen gleicher Laute.
- Schaffe ein Klangharmonie.

Aha-Alex: Das ist ja fast wie ein musikalisches Training. Und wie finde ich die richtigen Worte dafür? Manchmal bleibe ich an einer Stelle hängen und nichts klingt richtig flüssig.

KIM: Hier ein Prompt-Grundgerüst für dich:

"Bitte analysiere diesen Text (hier deinen Text einfügen) und verbessere den Rhythmus durch..." Liebe Leserin, lieber Leser, was würdest du hier ergänzen? Wie sollen harte Konsonanten ersetzt werden? Oder möchtest du die Vokalvielfalt erhöhen?

Kommunikations-Katrin: Genial, KIM. Lasst uns diesen Hack gemeinsam mit unseren Leser:innen weiterentwickeln.

- Welchen Prompt würdest du schreiben?
- Wie würdest du KI nutzen, um deine Texte melodischer zu gestalten?

Sprache ist wie Musik. Sie wirkt durch den Inhalt und auch durch ihren Klang. Wenn du deinen Text in Harmonie bringst, werden deine Botschaften nicht nur gehört, sie bleiben im Kopf und bewegen Menschen.

Ausblick

Kommunikations-Katrin: Liebe:r Alex, 33 1/3 Hacks später sehe ich deine Augen leuchten. Du hast Werkzeuge kennengelernt, Techniken ausprobiert und erste Erfolge gefeiert. Doch jetzt beginnt das Spannendste. Die Zukunft der Kommunikation liegt vor dir und sie wartet darauf, von dir gestaltet zu werden.

Aha-Alex: Wahnsinn, stimmt. Zu Beginn dachte ich „KI in der Kommunikation? Klingt kompliziert." Jetzt schreibe ich E-Mails, die direkt Antworten auslösen und meine Präsentationen begeistern. Trotzdem frage ich mich: Wie bleibe ich bei all dem KI-Einsatz ich selbst?

KIM: Spannende Frage, Alex. Meine Analysen zeigen drei zentrale Entwicklungen: Kommunikation wird individueller, leichter und wirksamer. Stell dir vor, jeder Text, den du schreibst, ist wie ein maßgeschneidertes Kleidungsstück, perfekt angepasst an die Menschen, die ihn lesen. Menschen und KI verbinden dafür ihre Stärken. Dabei bleibst du der Schneider, du designst das Kleidungsstück, nimmst Maß bei den Kund:innen und KI ist deine Nähmaschine, die dir hilft, das Produkt anzufertigen. Deine Authentizität und persönliche Note werden nicht ersetzt, sie werden unterstützt und gezielt unterstrichen.

Kommunikations-Katrin: Genau, KIM. Lass uns gemeinsam einen Blick in diese spannende Zukunft werfen. Wie können wir die Hacks nachhaltig in unseren Alltag integrieren? Welche neuen Möglichkeiten entstehen durch KI? Und vor allem: Wie bleiben wir dabei authentisch und menschlich?

Aha-Alex: Super, klingt vielversprechend! Und ich brauche es ganz praktisch. Was kann ich morgen früh konkret anders machen?

KIM: Keine Sorge, Alex. Wir schauen uns an, wie du Prompts entwickeln kannst und bauen Routinen für dich auf, die nachhaltig funktionieren.

Kommunikations-Katrin: Perfekt. Dann gehen wir diesen Weg von der Evolution der KI-gestützten Kommunikation bis zu deinen ersten praktischen nächsten Schritten in fünf Etappen. Bereit?

Evolution der Kommunikation mit KI

Kommunikations-Katrin: Kommunikation ist DER Schlüssel zu Verbindungen von Menschen. Und jetzt, mit KI an unserer Seite, stehen uns völlig neue Wege offen. Stell dir vor, du schreibst eine E-Mail, die ankommt und bewegt. Oder du führst ein Gespräch, das in Erinnerung bleibt. Beides unterstützt von deinem unsichtbaren Kommunikations-Buddy. Die Art, wie wir kommunizieren, verändert sich rasant. KI wird immer mehr zu unserer Partnerin, mal als Sparringspartnerin, die unsere Argumente schärft, mal als Sprachcoach, der uns hilft, klarer zu formulieren. Sie unterstützt uns beim Schreiben, Übersetzen und sogar beim Erkennen von Emotionen in Texten.

Aha-Alex: Wow, klingt beeindruckend! Doch verliere ich dann nicht meine persönliche Note? Ich will keine Robotertexte verschicken.

KIM: Interessante Frage. Die Praxis zeigt etwas Faszinierendes. Je gezielter du KI einsetzt, desto persönlicher wird deine Kommunikation.

Kommunikations-Katrin: Und das Beste daran ist, dass du immer die Kontrolle behältst. Die KI unterstützt dich in verschiedenen Rollen, je nachdem, was du gerade brauchst. Lass mich dir zeigen, wie vielseitig KI sein kann:

KI als Sparringspartnerin

- Hinterfragt systematisch Argumente auf Vollständigkeit.
- Simuliert Perspektiven der Gegenseite.
- Testet die Logik deiner Gedankenketten.
- Spielt verschiedene Szenarien durch.
- Erkennt implizite Annahmen, z.B. Welche stillschweigenden Prämissen stecken in deinem Argument?

KI als Sprachcoach

- Analysiert deine Texte auf Verständlichkeit.
- Optimiert Satzbau und Wortwahl.
- Passt die Tonalität an deine Zielgruppe an.
- Erkennt typische Formulierungsmuster.
- Schlägt präzisere Alternativen vor.

KI als Entwicklungscoach

- Begleitet deine persönliche Weiterentwicklung.
- Hilft dir, Kommunikationsziele zu definieren.
- Unterstützt dich beim Aufbau neuer Gewohnheiten.
- Bietet dir Reflexionsimpulse.
- Erkennt deine Wachstumspotenziale.

KI als Ideengeberin

- Entwickelt kreative Lösungsansätze.
- Verbindet unerwartete Perspektiven.
- Inspiriert durch Analogien aus anderen Bereichen.
- Erweitert deinen Denkhorizont.
- Durchbricht deine gewohnte Muster.

KI als Business-Beziehungsmanagerin

- Entwickelt systematische Stakeholder-Kommunikation.
- Koordiniert verschiedene Kommunikationskanäle.
- Plant strategische Kontaktpunkte.
- Orchestriert die Customer Journey.
- Harmonisiert die Unternehmenskommunikation.

Aha-Alex: Spannend! Neulich wollte ich meiner Chefin eine E-Mail schreiben, die gleichzeitig klar, freundlich und überzeugend sein sollte. Mein erster Entwurf war... naja, sagen wir mal okay. Mit KI wurde daraus ein Text, der mich selbst überraschte. Und meine Chefin auch. Er war klar strukturiert und klang zu 100 % nach mir.

KIM: Genau das ist der Punkt. KI verstärkt deine Stärken.

Kommunikations-Katrin: Die KI-Unterstützung kannst du in allen Bereichen deiner Kommunikation nutzen:

Schriftliche Kommunikation, um

- E-Mails zu schreiben, die begeistern und Antworten generieren
- Berichte zu verfassen, die komplexe Themen kristallklar vermitteln
- Präsentationen zu gestalten, die dein Publikum fesseln
- Konzepte zu entwickeln, die nachhaltig überzeugen und mitreißen
- Texte zu formulieren, die bewegen statt im Papierkorb zu landen

Mehrsprachige Kommunikation, um

- Botschaften zu übersetzen, die international Brücken bauen
- kulturelle Feinheiten zu berücksichtigen, die Missverständnisse vermeiden und Verständigung erleichtern
- internationale Teams zu verbinden, die grenzenlos zusammenwachsen und -arbeiten
- Sprachbarrieren zu überwinden und neue Märkte zu erschließen
- globale Kommunikation zu orchestrieren, die Erfolge multipliziert

Emotionale Kommunikation, um

- Tonalität gezielt anzupassen, die die passenden Saiten anschlägt
- Formulierungen zu finden, die emotionale Resonanz erzeugen
- Verbindungen aufzubauen, die Menschen tief berühren und Vertrauen untereinander schaffen
- Konflikte in konstruktive Dialoge zu verwandeln
- Beziehungen zu stärken, die lange positiv nachwirken

Strategische Kommunikation, um

- Argumentationsketten zu schmieden, die souverän überzeugen
- Gesprächsverläufe vorauszudenken, die sicher zum Ziel führen
- Verhandlungspositionen zu stärken, die Erfolge ermöglichen
- Stakeholder einzubinden, die deine Vision aktiv unterstützen
- schwierige Gespräche zu meistern, die in Lösungen münden

Aha-Alex: Und wie sieht das in fünf Jahren aus? Werden wir dann nur noch mit KI kommunizieren?

KIM: Meine Analysen zeigen, dass die Zukunft in der Symbiose liegt. Menschen bringen Empathie, Kreativität und strategisches Denken ein. KI unterstützt mit Datenanalysen, Formulierungsvorschlägen und Optimierungen. In fünf Jahren werden KI-Tools so selbstverständlich sein wie heute Rechtschreibprüfungen. Sie arbeiten im Hintergrund, während du dich auf den kreativen Teil der Kommunikation konzentrierst. Gemeinsam entstehen so Lösungen, die weder Mensch noch KI allein erreichen könnten.

Kommunikations-Katrin: Ja. Das Ziel ist nicht, menschliche Kommunikation durch KI zu ersetzen. Das Ziel ist, unsere individuelle Kommunikation zu bereichern und effektiver zu machen.

Aha-Alex: Das klingt nach einer spannenden Entwicklung. Wie fange ich an, diese Möglichkeiten richtig zu nutzen?

Kommunikations-Katrin: Genau das schauen wir uns im nächsten Kapitel an.

Wie du die Hacks nachhaltig in deinen Alltag integrierst

Kommunikations-Katrin: Du hast jetzt einen vollen Werkzeugkasten. Doch wie machst du aus den 33 1/3 Hacks eine Routine, die dich langfristig begleitet? Der Schlüssel ist, klein anzufangen, dranzubleiben und deine Erfolge zu feiern. Lass uns Schritt für Schritt schauen, wie du die Hacks nachhaltig in deinen Alltag integrieren kannst.

Aha-Alex: Okay, ich bin motiviert. Doch mein Alltag ist schon so voll. Wie finde ich da Zeit, mich mit neuen Kommunikationsroutinen zu beschäftigen?

KIM: Keine Sorge, Alex. Kleine Schritte führen zum Ziel. Laut meinen Analysen reicht es oft, mit zehn Minuten pro Tag zu starten. Wichtig ist, dass du gezielt anwendest, was du gelernt hast.

Kommunikations-Katrin: Hier ist ein Plan, der dir hilft, dranzubleiben:

1. Klein anfangen: Wähle einen Hack aus.
   - Nimm dir einen Hack, der dich besonders anspricht oder bei dem du die größte Wirkung erwartest.
   - Beispiel: Hack 1 (Verben statt Substantive). Starte damit, deine nächste E-Mail bewusst mit aktiven Verben zu schreiben.

Aha-Alex: Das klingt machbar. Und was, wenn ich es vergesse?

KIM: Stell dir einen Timer oder setze dir eine Notiz in deinen Kalender „Hack des Tages anwenden“. Du kannst auch ein Post-it an deinen Laptop kleben.

Kommunikations-Katrin: Sobald du dich mit einem Hack wohlfühlst, gehst du einen Schritt weiter.

2. Routinen entwickeln: Schaffe dir feste Übungszeiten.
   - Nutze wiederkehrende Momente, z.B. den Start deines Arbeitstags, um einen Hack anzuwenden.
   - Überarbeite z.B. jeden Morgen eine E-Mail mit einem der Prompts aus diesem Buch.

Routinen machen den Unterschied. Am Anfang fühlt es sich vielleicht ungewohnt an, doch mit der Zeit wird es zur Selbstverständlichkeit, so wie Zähneputzen.

Aha-Alex: Ich könnte die Hacks auch im Team ausprobieren. Zum Beispiel bei unseren wöchentlichen Meetings.

KIM: Exzellente Idee, Alex. Teams, die gemeinsam an ihrer Kommunikation arbeiten, erzielen nachweislich bessere Ergebnisse.

Kommunikations-Katrin: Hier ist der dritte Schritt für dich:

3. Feedback einholen: Lass dir helfen.
   - Bitte Kolleg:innen oder Freund:innen um ehrliches Feedback zu deiner Kommunikation.
   - Frage sie: „Wie wirkt meine Botschaft? Ist sie konkret, verständlich und motivierend?“

Aha-Alex: Das klingt gut. Doch ich finde Feedback oft... naja, unangenehm.

Kommunikations-Katrin: Denk an den Spruch: „Feedback ist das Frühstück für Champions.“ Es zeigt dir, was schon funktioniert und wo du noch nachjustieren kannst. Feedback hilft dir, zu wachsen. Und manchmal heißt Feedback auch „Kill your darlings.“ Das bedeutet, dass du dich von liebgewonnenen Formulierungen oder Ideen trennen darfst, auch wenn sie dir persönlich besonders gut gefallen. Frag dich dann: „Trägt das wirklich zur Botschaft bei oder kann es weg?“ „Kill your darlings“ ist kein Verlust, sondern eine Chance, deine Botschaft klarer und stärker zu machen.

KIM: Und du bist nicht allein, Alex. Ich helfe dir dabei, den Fokus zu finden und das Unnötige zu streichen, ohne die Essenz zu verlieren.

Aha-Alex: Okay, ich lasse mich darauf ein.

Kommunikations-Katrin: Super Haltung Alex! Hier sind die Schritte vier und fünf, um die Hacks nachhaltig in deinen Alltag zu integrieren:

4. KI als Routine-Buddy: Prompts gezielt nutzen.
   - Verwende KI, um deine Fortschritte zu unterstützen.
   - Beispiel: Bitte analysiere meine Nachricht und schlage Verbesserungen vor, um sie klarer und überzeugender zu machen.

5. Fortschritte feiern: Bleib motiviert!
   - Notiere dir kleine Erfolge, z.B. wenn eine E-Mail besonders gut ankam oder ein Gespräch reibungslos lief.
   - Belohne dich, z.B. mit einer Tasse deines Lieblingskaffees, einer kurzen Pause oder einem High Five in deinem Team.

Aha-Alex: Das gefällt mir. Ich liebe es, Erfolge sichtbar zu machen. Vielleicht führe ich ein kleines „Hack-Tagebuch".

Kommunikations-Katrin: Das ist eine wunderbare Idee, Alex. Erfolge zu feiern, gibt dir den Schwung, den du brauchst, um dranzubleiben. Der Weg zu nachhaltig wirksamer Kommunikation beginnt mit kleinen, konsequenten Schritten. Wähle deine Hacks gezielt aus, setze sie regelmäßig ein und sei geduldig mit dir selbst. Mit der Zeit wirst du merken, wie sich deine Kommunikation verbessert und wie KI dir dabei hilft, deine Stärken zu entfalten.

KIM: Kleine Schritte führen zu großen Veränderungen. Und jedes Mal, wenn du einen Text überarbeitest, lernst du, noch besser zu kommunizieren. Starte heute, Alex! Ich freue mich auf deine Erfolge.

Aha-Alex: Alles klar, ich bin dabei. Und wisst ihr was? Wenn ich das hinkriege, dann schafft das jede:r.

Inspiration für deine kontinuierliche Weiterentwicklung

Kommunikations-Katrin: Kommunikation ist ein nicht endender Weg und genau das macht sie so faszinierend. Mit jedem Gespräch, jeder E-Mail und jeder Präsentation kannst du wachsen und dazulernen. Sie ist keine Fähigkeit, die du einmal meisterst und dann abhaken kannst. Und manchmal braucht es frische Impulse, um den nächsten Schritt zu gehen und neue Perspektiven zu erhalten. Deshalb habe ich verschiedene Angebote entwickelt, die dich auf deinem Weg unterstützen können.

- Workshops und Seminare: Für Unternehmer:innen, Teams und Führungskräfte, die ihre Zusammenarbeit stärken und an ihrer Kommunikation arbeiten möchten. Hier verbinden wir praxisnahe Übungen mit konkreten Strategien, die sofort anwendbar sind.

- Individuelle Mentorings: Wenn du gezielt an deinen persönlichen Herausforderungen arbeiten möchtest, sei es ein bevorstehendes Gespräch, eine wichtige Präsentation oder einfach der Wunsch, deine Wirkung zu verbessern, lass uns persönlich zusammenarbeiten. Diese Formate sind flexibel: online, offline und hybrid, je nachdem, was am besten zu dir passt.

- Vorträge und Keynotes: Inspiration und Wissen kompakt und begeisternd verpackt, ideal, um Themen wie empfängergerechte Kommunikation mit und ohne KI greifbar zu machen. Achtung mögliche Nebenwirkungen: Plötzliche Aha-Momente und spontanes Schmunzeln.

Die Details findest du auf meiner Website (www.katrinfriedel.com) oder in einem persönlichen Gespräch. Egal wo du gerade stehst, es gibt immer eine Chance, weiterzuwachsen und voranzukommen

Aha-Alex: Das klingt spannend. Besonders die Vielfalt deiner Angebotsformate finde ich großartig. Da ist für alle etwas dabei.

KIM: Meine Erkenntnisse zeigen, dass Menschen, die regelmäßig neue Impulse erhalten und umsetzen, ihre Kommunikationsfähigkeiten signifikant schneller verbessern.

Kommunikations-Katrin: Ja. Inspiration und Weiterentwicklung gehen Hand in Hand. Manchmal reicht schon eine kleine Veränderung im Ansatz, um große Wirkung zu erzielen. Und genau dafür sind diese Formate da, um dir zu zeigen, was alles möglich ist und wie du es umsetzen kannst.

Anhang

Über die Autorin

Katrin Friedel ist Mentorin für wirksame Kommunikation. Sie unterstützt Menschen dabei, ihre Botschaften klar und wirkungsvoll zu übermitteln, sei es in Gesprächen, Texten oder Präsentationen.

Als Diplom-Ingenieurin mit über 20 Jahren Führungserfahrung kennt Katrin Friedel die Herausforderungen, die entstehen, wenn Fachwissen mehr verwirrt als ankommt oder Missverständnisse Innovation und Erfolg ausbremsen. Sie sagt: „Ob im Business, im Verein oder beim Familienessen: Kommunikation ist die Brücke zwischen deinen Ideen und deinem Gegenüber. Und je stabiler du diese Brücke baust, desto weiter tragen deine Botschaften."

In ihrer Arbeit kombiniert Katrin Friedel ihr tiefes Verständnis für Menschen als psychologischer Coach, neueste Ansätze aus der Hirnforschung, alltagstaugliche Kommunikationswerkzeuge und moderne KI-Technologie. Mit dieser einzigartigen Kombination zeigt sie Wege auf, wie moderne Kommunikation alle Bereiche des Lebens bereichern kann.

Katrin Friedel vermittelt ihre praxiserprobten Hacks in Workshops, Seminaren, 1:1 Mentorings und Vorträgen und begeistert mit ihrem charmanten Humor. Ob für Führungskräfte, Selbstständige, Unternehmer:innen, Teammitglieder oder Privatpersonen: Ihre Methoden sind leicht verständlich, sofort anwendbar und machen Spaß, selbst bei anfänglicher Skepsis.

Mit ihrem Buch zeigt Katrin Friedel, dass wir alle die Fähigkeit haben, unsere Kommunikation zu verbessern, und wie KI ein starker Kommunikations-Buddy sein kann.

Weiterführende Ressourcen

Alle Prompts und die Instruktionen für deinen persönlichen Reflexions-Buddy findest du auf der Website hinter diesem QR-Code:

Dort erwarten dich:

- Die drei Prompt-Übersichten zum Download
- Die kompletten Instruktionen für deinen KI-Reflexions-Buddy
- Praktische Prompt-Prinzipien für deine eigenen KI-Dialoge

Die Materialien sind übersichtlich strukturiert und lassen sich direkt in deinen Alltag integrieren. Sie unterstützen dich dabei, das Gelernte direkt anzuwenden und für dich weiterzuentwickeln.

Danksagung

Ein Buch entsteht durch viele gute Geister, inspirierende Gespräche und Menschen, die an dich glauben. Mein besonderer Dank gilt diesen Menschen.

Ich danke Gregor Hünting von ganzem Herzen für seinen unerschütterlichen Glauben an mich. Er ist mein größter Mutmacher. Sein Blick auf mich bestärkt mich immer wieder, so dass ich Projekte umsetze, von denen ich früher nur geträumt habe. Er gibt mir den Raum, persönlich zu wachsen und die beste Version meiner Selbst zu sein. Sein feinfühliges Feedback hat auch diesem Buch den finalen Schliff verliehen. Und vor allem: Danke für uns. Für das, was wir gemeinsam erleben und erschaffen.

Was für ein Geschenk, Gudrun Rehn-Göstenmeier seit drei Jahren in der besten Mastermind-Gruppe der Welt an meiner Seite zu wissen. Unsere gegenseitige Unterstützung, die stets von Wertschätzung und Freude an Wachstum getragen wird, hat mich schon in vielen Momenten inspiriert. Für ihren großartigen Support beim Feinschliff und Layout dieses Buches sage ich vielen herzlichen Dank. Ich freue mich, mit ihr im Business und weit darüber hinaus verbunden zu sein.

Gerardo Joaquin Laempe hat das Jahr 2024 für mich sehr besonders gemacht. Mit seiner Unterstützung habe ich mein Business geschärft, meine strategische Ausrichtung noch klarer definiert und meine Sichtbarkeit erheblich gesteigert. Dank seiner schamanischen Fähigkeiten konnte ich zudem innere Blockaden lösen, die mich unbewusst zurückgehalten haben. Seine Energie und sein Esprit haben wesentlich dazu beigetragen, dieses Buch Wirklichkeit werden zu lassen.

Torsten J. Körtings einzigartige Energie ist ansteckend. Er hat mich darin bestärkt, meinen KI-Enthusiasmus und meine Themen zu bündeln, und mich dazu inspiriert, dieses Buch zu schreiben. Er hat mir die Augen für neue Möglichkeiten geöffnet, mich motiviert und mir den Mut gegeben, mit KI in meinem Business zu wachsen. Ich danke ihm von Herzen für seine energiegeladene und hochprofessionelle

Unterstützung. Und ich freue mich darauf, gemeinsam mit ihm weiterhin neue Projekte anzupacken und zu verwirklichen.

Meine besonderen digitalen Begleiter auf diesem Weg waren Claude und ChatGPT. Mit analytischer Präzision und kreativer Vielseitigkeit haben sie mir geholfen, die Struktur des Buches zu schärfen und komplexe Themen verständlich aufzubereiten. Dabei blieb der Inhalt stets meine eigene Handschrift. Danke für die bereichernden Dialoge und die Inspiration, die gezeigt haben, wie Mensch und KI perfekt zusammenarbeiten können.

Allen, die mich beim Umsetzen dieses Buchs begleitet und unterstützt haben, sichtbar und im Hintergrund, danke ich herzlich.

Hier ist Platz für deine Notizen

Hier ist Platz für deine Notizen

Hier ist Platz für deine Notizen

Printed in Poland
by Amazon Fulfillment
Poland Sp. z o.o., Wrocław

48051440R00103